에티오피아,
13월의 태양이 뜨는 나라

에티오피아,
13월의 태양이 뜨는 나라

초판 2쇄 발행 | 2020년 9월 25일

글·사진 | 이해용

펴낸이 | 한영아
펴낸곳 | 도서출판 종이비행기, 위더스북
출판등록 | 2007년 12월 5일(제313-2007-000243호)
주소 | (우: 08835) 서울시 관악구 복은길 43-11(신림동)
전화 | 02) 333-3696
팩시밀리 | 02) 324-3222
전자우편 | paperplane@hanmail.net

값 20,000원
ISBN 978-89-962350-0-2 03930

이 출판물은 저작권법에 의해 보호를 받는 저작물이므로 무단 전재와 무단 복제를 할 수 없습니다.

이 도서의 국립중앙도서관 출판예정도서목록(CIP)은 서지정보유통지원시스템 홈페이지(http://seoji.nl.go.kr)와 국가자료종합목록 구축시스템(http://zzkolis-net.nl.go.kr)에서 이용하실 수 있습니다.
(CIP제어번호: CIP2010004439)

에티오피아,
13월의 태양이 뜨는 나라
13 months of sunshine

이해용 글·사진

도서출판 종이비행기

Ethiopia

아프리카의 에티오피아는 지구촌에서 유일하게 13월까지 있는 율리우스력을 사용한다. 율리우스력이란 태양력의 하나로 로마의 율리우스 카이사르가 기원전 46년에 개정한 세력(歲曆)이다. 1월부터 12월까지는 매월 30일로 구성돼 있으며 13월은 5~6일 정도이다.
율리우스력은 우리가 사용하는 그레고리력보다 7년 8개월이 늦다. 따라서 우리의 밀레니엄은 2000년 1월 1일이었으나 에티오피아는 2007년 9월 11일 이었다.

에티오피아는 솔로몬 왕과 시바 여왕 사이에서 태어난 메넬리크 1세가 기원전 900년대 중반 악숨 왕국을 건국해 오늘에 이르는 3천년의 역사를 간직하고 있다. 에티오피아란 '햇볕에 그을린 얼굴의 땅'이라는 뜻이다.
동부 아프리카에 문명을 꽃피웠던 에티오피아는 이탈리아의 침략을 당한 경험으로 한국 전쟁이 발발하자 황제의 근위대를 한반도에 파견했다. 그렇게 에티오피아와 한반도는 인연을 맺게 된 것이다.
지구촌 가난의 대명사로 전락한 땅, 세계의 편견에 가려져 있었던 에티오피아는 지금 새로운 매력과 잠재력으로 다시 주목받고 있다. 13개월 동안 따사로운 햇살이 쏟아지는 곳 에티오피아로 떠나는 여정이 시작되었다.

- 국명: 에티오피아 연방 민주공화국(The Federal Democratic Republic of Ethiopia)
- 수도: 아디스아바바('새로운 꽃'이라는 의미)
- 면적: 1,114,000km²로 한반도의 5.5배
- 인구: 1억 1,496만 3,588명 세계12위(2020 통계청, UN, 대만통계청 기준)

여는 글

잊혀진 땅을 찾아서

"아버지에 대한 기억이 떠오르지 않아요!"

비무장지대DMZ를 찾은 남자는 아버지에 대한 기억이 전혀 없다며 무표정한 표정으로 말문을 열었습니다. 아버지의 발자취를 찾아 나선 사람의 입에서 나온 말이어서 더욱 충격적이었습니다.

"아버지는 한국전에서 전사했어요."

남자는 그가 아주 어렸을 때 한국 땅에서 아버지가 돌아가셨다고 사연을 털어놨습니다.

"한국에 가면 아버지의 흔적을 찾을 수 있을지도 모른다고 생각했어요. 하지만 아버지에 대한 기억이 전혀 떠오르지 않아요. 저는 이제 어떻게 해야 하죠?"

남자의 아버지는 한국 전쟁에 참전한 에티오피아의 군인이었습니다.

아브라함 데스타 하고세(65) 씨를 만난 건 중부 전선 비무장지대였습니다. 아버지를 찾아 나선 남자의 얼굴에서는 실망과 당혹스러움이 엇갈리고 있었습니다. 전사한 아버지를 한국에 온다고 갑자기 떠올릴 수는 없었습니다. 그의 손에는 아버지의 흑백 증명사진과 자신의 아기 때 모습을 담은 증명사진이 들려 있었습니다. 전쟁에서 아버지를 잃은 그는 인생의 좌표를 잃어버린 사람처럼 보였습니다.

그날 또 다른 캐나다의 남자 레오 씨도 아버지의 발자취를 찾아왔습니다. 그의 아버지도 한국 전쟁에서 전사했습니다. 레오 씨의 여생의 목표는 한국 전쟁에서 전사한 아버지의 삶의 흔적을 오롯이 복원하는 것이었습니다. 현재 레오 씨는 부산의 유엔공원에서 근무하며 아버지의 이야기를

집필 중입니다.

　레오 씨는 아버지의 삶을 조만간 책으로 내놓을 목표를 세웠지만 에티오피아의 남자는 모든 것을 체념한 듯 담담했습니다. 그가 잠시 신발을 벗었을 때 드러난 구멍 난 양말은 그의 가슴에 뚫린 아버지에 대한 기억처럼 보였습니다. 아버지가 없는 삶은 평생 가난과의 전쟁으로 이어졌던 모양입니다.

　대체 한국 전쟁에 참전했던 에티오피아는 어떤 나라일까요. 에티오피아에 대해 알고 싶어졌습니다. 개인적으로는 아버지에 대한 기억조차 없이 살아가는 에티오피아의 한 남자에게 아버지와 함께 머나먼 한반도로 떠나게 된 이야기를 들려주고 싶었습니다. 그렇게 한국과 에티오피아 사이의 사라진 길을 잇고 싶었습니다.

　저를 비롯해 우리나라 사람들 대부분은 에티오피아를 모릅니다. 한국 전쟁 당시 아프리카에서 유일하게 지상군을 파견했다는 역사를 아는 사람이 더러 있지만 아직도 대부분은 그 땅이 가난과 기아의 대명사라는 것밖에는 기억하지 못하고 있습니다.

　그래서 에티오피아로 발걸음을 옮겼습니다. 잃어버린 길을 찾겠다는 것이 무모해 보였습니다. 하지만 아브라함 씨의 아버지 같은 에티오피아의 참전용사들이 싸워서 지켜낸 이 땅에서 사는 저로서는 조금이라도 마음의 빚을 갚고 싶었습니다.

　먼 길을 찾아가는 여정 동안 이정표 역할을 해 주신 분들에게 큰 신세를 졌습니다. 특히 에티오피아 한국 전쟁 참전용사 후원회 신광철 사무국장님과 에티오피아 오지에서 선교 활동을 하는 박수일 목사님 및 정순자 사모님은 여정을 포기하지 않도록 붙잡아 준 고마운 분들이었습니다. 그리고 오늘도 에티오피아를 더 알기 위해 땀을 흘리는 분들에게 감사를 드립니다. 이분들로 인해 사라진 길이 다시 열리고 미래로 가는 더 큰 길이 만들어질 것이라고 믿습니다.

  가난과 기아의 땅이라고 낙인이 찍힌 곳이지만 에티오피아는 예상했던 것보다 훨씬 더 아름다웠습니다. 저는 점점 에티오피아에 마음을 빼앗기게 됐습니다. 그곳에 사는 사람들의 순수함에 홀려서.

  그 이야기와 아름다운 풍경을 찾아 비무장지대에서 머나먼 에티오피아로 떠납니다.

'인류의 요람' 에티오피아에 대한 사랑을 담아

이 해 용

차례

여는 글 _ 잊혀진 땅을 찾아서 … 006

1부 한국인에게 잊혀진 땅 에티오피아
머나먼 에티오피아 … 014
아프리카의 코리언 빌리지 … 020
참전 기념 회관 주춧돌을 놓다 … 025
한국에 젊음을 바친 참전용사들 … 030

2부 먼 나라 한국 땅의 혹독한 추위와 전쟁
미지의 땅 한국으로 떠나다 … 040
긴박한 전쟁터와 살을 에는 추위 … 047
포성이 끊이지 않은 철의 삼각지대 … 055
최전선을 지킨 칵뉴 부대 … 063
참전 영웅들의 이야기가 되살아나다 … 070

3부 희망의 싹을 틔우는 커피
낯선 음료 커피를 마시다 … 078
휴전선을 지키는 커피 … 081
커피콩을 고르는 사람들 … 087
무지개가 뜨는 이르가체페 … 090
거친 땅이 선물한 하라 커피 … 107

4부 '아프리카의 스위스' 에티오피아
    '새로운 꽃' 아디스아바바 … 122
    로마 제국과 어깨를 나란히 했던 악숨 제국 … 132
    천사가 바위 속에 만든 랄리벨라 … 147
    아프리카에서 만난 신비의 궁궐 … 160

5부 희망을 찾아온 에티오피아 망명객들
    한국 전쟁 격전지로 돌아오다 … 174
    새로운 희망을 꿈꾸는 망명 신청 … 182
    하늘나라로 떠난 이탈렘 … 190

6부 에티오피아를 잇는 희망의 다리
    다시 찾은 아디스아바바 … 196
    책임과 배려가 필요한 원조 … 209
    가난을 이긴 기적, 한국에서 찾다 … 215
    에티오피아의 미래를 여는 교육 … 224
    오지에 세워진 시골 학교의 기적 … 231

    맺는 글 _ 7년간의 여정을 마치면서 … 248

1부 | 한국인에게 잊혀진 땅 에티오피아

아디스아바바의 새벽은 저 멀리 산자락부터 서서히 밝아 오고 있었다. 어둠이 물러나면서 도심의 골목길은 제 스스로 베일을 벗기 시작했다. 아침 해가 거리를 밝히자 사람들이 쏟아져 나와 거리를 배회했다. 젊은이들은 담에 기대어 지나가는 사람들을 물끄러미 바라보거나 도로 변 경계석에 쭈그리고 앉아 있었다.

머나먼
에티오피아

　　에티오피아의 아디스아바바 볼레 국제공항이 서서히 모습을 드러내고 있었다. 에티오피아는 '아프리카의 뿔'이라고도 불리는 동부 아프리카에 속한다. 구름 사이로 열린 아디스아바바는 해발이 2,500m나 되는 고원 지역이었다. 그래서 누군가는 하늘길을 가던 비행기가 사뿐히 내려앉으면 되는 곳이 아디스아바바 공항이라고 농담을 하기도 했다.

　　볼레 국제공항을 빠져 나온 뒤 갑자기 차가 멈춰 서 버렸다. 차가 옴짝달싹하지 못하게 된 곳은 에티오피아의 수도 아디스아바바 시내로 들어가는 대로였다. 잠시 뒤 몇 명의 그림자가 몰려오더니 차를 포위했다. 우리 일행은 긴장된 표정으로 몸을 움츠렸다. 출국하기 전 치안상태가 불안하다는 이야기를 들었던 아프리카에서 한밤중에 알 수 없는 사람들에게 포위당하는 것은 섬뜩한 일이었다. 다행히 창문 밖으로 얼굴을 보인 사람은 어른이 아니라 아이들이었다. 도심의 가난한 아이들이 어둠 속에서 낯선 외국인들에게 손을 내밀었다.

　　"마니^{money}, 마니, 마니!(돈을 주세요!)"

　　창문을 열지 않고 가만히 앉아 있었더니 마치 합창하듯 목소리를 높이던 아이들은 썰물처럼 다시 사라졌다. 묘한 두려움과 안도, 그것이 에티오피아의 첫인상이었다.

비행기 아래로 보이는 아디스아바바
에티오피아의 수도 아디스아바바 고원으로 비행기가 접근하고 있다.

중부 전선 최전방 지역의 대성산과 적근산 사이로 난 작전도로를 통과하고 있을 때 휴대 전화가 울렸다.

"에티오피아에 다녀오지 않겠어?"

의견을 묻는 것처럼 들렸지만 나중에 알고 보니 이미 모든 것은 결정되어 있었다. 에티오피아를 다녀올 사람을 뽑는 자리에 참석하지 않았던 나에게 차례가 돌아갔던 것이다. 미국이나 일본, 중국, 혹은 동남아라면 서로 가겠다고 경쟁이 치열했을 텐데 희망자가 없었던 모양이었다. 에티오피아로 가게 된 나를 두고 누군가 걱정스러운 듯 말문을 열었다.

"피골이 상접한 아이들만 있는 곳에 가면 굶어 죽기 딱 십상이지!"

봄이 한창 시작되는 4월 하순 대성산과 철의 삼각지대, 비무장지대는 새하얀 눈 이불을 뒤집어썼다. 그날 내린 함박눈은 산 정상은 물론 산 아래 막 돋아나던 생명들마저 얼음 속에 가둬 버렸다. 분홍빛 진달래꽃은 얼음 수정 속에 갇혀 버렸고, 버드나무 잎은 연두색 속살을 드러내다 얼어붙었다. 눈발은 저 멀리 비무장지대 너머 북한 오성산으로 건너뛰었다.

| 4월 하순 함박눈으로 뒤덮인 대성산

6·25 전쟁 당시 치열한 격전이 벌어졌고, 아직도 세계에서 유일하게 남북한이 총부리를 맞대고 있는 냉전의 땅 비무장지대에서 4월 말의 눈은 낯선 것이 아니었다. 며칠 뒤면 5월이지만 치열한 전투의 흔적이 가시지 않은 전쟁터는 가끔씩 설국의 모습을 보이곤 했다.

아프리카 에티오피아로의 여정은 한반도 비무장지대에서 시작됐다. 아무런 준비 없이 무엇을 봐야 할지도 모른 채 '햇볕에 그을린 얼굴의 땅'이라는 의미의 에티오피아로 떠나게 되었다. 비행기가 방콕을 거쳐 아디스아바바 공항에 도착할 때까지 내게 떠오르는 그림은 세계인들이 낙인찍어 놓은 가난과 기아밖에 없었다.

아디스아바바의 새벽은 저 멀리 산자락부터 서서히 밝아 오고 있었다. 어둠이 물러나면서 도심의 골목길은 제 스스로 베일을 벗기 시작했다. 아침 해가 거리를 밝히자 사람들이 쏟아져 나와 거리를 배회했다. 젊은 이들은 담에 기대어 지나가는 사람들을 물끄러미 바라보거나 도로 변 경계석에 쭈그리고 앉아 있었다. 그들은 직업이 없는 청년들이었다. 그 사이로 구두닦이 아이들이 부지런히 돌아다니며 어른들에게 신발을 닦으라고 말을 걸었다. 아이들과 마찬가지로 일거리가 없어 거리에 내앉은 어른들은 먼지가 덮인 구두를 아이들에게 맡기고 동전 몇 푼을 쥐어 주었다.

'흙먼지가 날리는 보행로에서 구두를 닦는 것이 대체 무슨 소용이 있을까?'

그런 생각을 하다 문득 떠오른 것이 6·25 전쟁이 끝난 뒤 일자리가 없던 서울의 모습이었다. 전쟁을 겪은 남자들은 잿더미로 변한 거리를 배회하다 운이 좋으면 막노동과 같은 단순한 일거리를 얻는 게 고작이었을 것이다.

아디스아바바의 거리는 사람들로 활력이 넘쳤지만 혼란스럽거나 위협적이지는 않았다. 이탈리아의 침략으로부터 에티오피아를 위해 목숨을

구두닦이에게 구두를 닦는 모습

바친 애국자들의 유해가 안장되어 있는 아디스아바바 시내 트리니티^{Trinity} 교회로 들어가는 길에서도 가난한 사람들은 땅바닥에 엎드려 자비를 베풀어 달라고 간청했다.

로마네스크 양식의 트리니티 교회 앞마당에서는 매년 5월 첫째 일요일마다 특별한 행사가 열리고 있었다. 그것은 한국 전쟁$^{6·25전쟁}$에서 희생된 에티오피아 참전용사들을 위한 기념행사였다. 한국 전쟁에서 숨진 121명의 참전용사들이 영면하고 있는 지하로 이어지는 문 앞에는 에티오피아 국기와 한국의 태극기가 나란히 내걸려 있었다. 파란 바탕의 유엔기까지 더하자 마치 국제 행사장처럼 보였다. 생존해 있는 참전용사들은 한국 전쟁 당시에 입었던 군복을 착용하고 행사장으로 하나 둘씩 모여들었다.

에티오피아 한국 전쟁 참전용사 협회 회원들은 매년 여기서 기념행사를 열어 왔다. 한국에서조차 잊고 사는 전쟁을 한반도에서 아주 멀리 떨어진 아프리카 땅에서 그들은 추억하고 있었다.

기념행사장 앞에서 태극기를 잡고 있는 참전용사
에티오피아 한국 전쟁 참전용사들은 반세기 전 한반도에서 숨진 121명의 전사자와 536명의 부상자를 기리는 기념행사를 매년 5월에 열어왔다.

행사 팸플릿을 나누어 주는 참전용사 후손들
에티오피아 한국 전쟁 참전용사 후손들이 털모자를 쓴 아프리카 군인이 그려진 팸플릿을 기념식장에서 나누어 주고 있다.

현충일에 울러 퍼지는 조가와 비슷한 곡조가 연주되는 가운데 참석자들은 장미꽃 화환을 숨진 참전용사들에게 바치고 있었다. 그 순간 무엇인가 눈에 들어왔다. 젊은이 두 명이 행사 프로그램이 적힌 팸플릿을 들고 있었는데 인쇄된 글씨는 번져 있어 아주 조악했다. 하지만 팸플릿 정면에 새겨진 사진을 보는 순간 온몸이 굳어졌다. 털모자를 쓴 아프리카 군인이 대검을 꽂은 총을 겨누고 있는 모습이었다. 사진 속의 주인공은 한국 전쟁에 참전한 군인이었다. 아프리카 군인이 털모자를 쓴 것은 참 낯설었다. 아마도 그림 속 군인은 한국 전쟁에서 평생 처음 만난 강추위와 악전고투를 벌였을 것이다.

그는 경제 발전을 위해 허리띠를 졸라매던 시절 우리가 잊고 있던 사람이었다. 한국이 전쟁으로 잿더미로 변한 폐허 위에서 세계 11위의 무역 국가로 성장한 바탕에는 털모자를 쓰고 추위와 싸워야 했던 에티오피아의 군인의 희생이 있었다. 비행기로 하루가 걸리는 거리를 날아와 마주한 한국 전쟁 참전용사의 모습은 우리가 너무나 무심하게 살아왔음을 조용히 말해 주고 있었다.

한국인에게 잊혀진 땅 에티오피아　019

아프리카의
코리언 빌리지

지구에는 너무나도 다른 두 개의 코리언 빌리지Korean Village가 있다. 하나는 전 세계 부의 상징인 미국에 있고, 또 다른 하나는 가장 가난하다고 소문난 에티오피아에 있다. 미국 LA의 코리언 빌리지는 아메리칸 드림을 찾아 몰려든 한국인으로 붐비는 미국 속 한국 마을이다.

하지만 에티오피아의 수도 아디스아바바 시내 외곽의 언덕에 자리한 코리언 빌리지에는 한국인이 전혀 살지 않았다. 아디스아바바 시내에서도 가난한 곳으로 꼽히는 이 마을은 한국 전쟁에 참가했던 참전용사들이 모여 살고 있었다.

코리언 빌리지로 가는 길은 순탄치 않았다. 길은 오르막으로 이어졌다 다시 내려가기를 반복했다. 사람들이 다니면서 자연스럽게 만들어진 길이었기 때문에 흙더미와 돌이 나뒹굴었고 차보다는 사람들이 훨씬 많았다. 그리고 사람들은 어디에 쓰이는지 알 수 없는 돌들을 깨고 있었다.

마을은 빈민촌이었다. 담장과 키가 비슷한 집들은 대개 양철 지붕이었는데 녹물이 뚝뚝 떨어질 것처럼 녹슬어 있었다. 흙을 붙여서 만든 벽은 비바람에 닳아 뼈대를 드러냈다. 길 옆으로는 나무를 얼기설기 엮어 그늘을 만든 뒤 과일을 파는 노점상이 즐비하게 늘어서 있었다. 어디를 둘러봐도 가난한 풍경뿐이었다. 한국이 부유해진 것이 오히려 미안한 마음

아프리카의 코리언 빌리지
에티오피아의 수도 아디스아바바 외곽에 있는 코리언 빌리지는 한국 전쟁의 상처를 안고 살아가는 참전용사들의 가난한 마을이다.

이 드는 거리였다. 그때 낡은 시내버스가 연막탄처럼 짙은 매연을 내뿜으면서 지나갔다. 아디스아바바의 코리언 빌리지는 우리나라의 옛날 청계천의 모습과 비슷했다. 한국 전쟁 직후 무작정 상경한 사람들이 개천을 따라 지었던 판자촌이 떠올랐다.

에티오피아 한국 전쟁 참전용사 후원회 신광철 사무국장이 쏟아지는 질문에 대답하느라 바빴다.

"코리언 빌리지가 여기에 자리 잡은 이유는 뭡니까?"

"이곳은 원래 한국 전쟁에 참전했던 분들이 전투를 앞두고 훈련을 했던 곳입니다. 나중에 참전용사들이 젊음을 바쳤던 곳에 터전을 잡기 시작하면서 마을이 만들어진 것이죠."

참전용사들이 한국 전쟁을 위해 훈련을 실시한 곳은 이곳 말고도 카반나, 잘메다 광장 등이 더 있다.

한국인에게 잊혀진 땅 에티오피아 **021**

한국 전쟁 참전용사 협회 사무실이 있던 건물
에티오피아 한국 전쟁 참전용사들은 방 한 칸을 임대해 사무실로 이용했다.

"참전용사들은 어떤 사람들이었나요?"

"그분들은 모두 황제의 근위대$^{Body\ Guard}$였어요. 해외 명문대에서 공부한 엘리트도 있었지요. 한국 전쟁 참전용사들은 징병으로 선발한 것이 아니라 순수하게 자원자를 대상으로 뽑았습니다."

때마침 도착한 코리언 빌리지의 한 건물 현관에서 눈동자의 초점을 잃은 남자가 기둥에 기댄 채 서 있었다. 그는 이방인에게는 눈길도 주지 않고 호박돌이 박혀 있는 공터만 바라보고 있었다. 빗물에 흙이 씻겨 내려간 공터에서는 호박돌이 한낮의 뙤약볕에 후끈 달아오르고 있었다. 출입문은 허리를 굽히고 들어가야 할 정도로 좁고 낡았다. 문 옆에 놓아둔 깡통에서는 페인트가 흘러내리고 있었다. 이곳은 얼마 전까지 에티오피아 한국 전쟁 참전용사 협회의 사무실로 사용되었다. 한때는 황제의 근위대로 한국 전쟁에 참전했지만 지금은 빈민층으로 전락한 전사들의 현주소였다.

2001년 8월 10일 코리언 빌리지를 방문했던 한국의 해외 의료 봉사단 단원은 참전용사 협회 방명록에 이런 글을 남겼다.

'비가 주룩주룩 내리는 소리가 천장에서 들려오는 가운데 코리언 빌리지의 상황과 한국 전쟁에 참전한 에티오피아 군인의 이야기를 듣는다. 길거리의 모습과 마을의 상황, 이곳 기념관의 초라한 모습들······. 모든 것이 우리의 잘못인들 싶어 서글픈 마음이다. 어찌해야 이들의 은혜에 조금이라도 보답할 수 있을까?'

참전용사 협회가 새로 마련한 사무실도 비좁기는 마찬가지였다. 사무실은 2층의 여러 쪽방 가운데 하나였다. 의자 4개를 일렬로 놓기에도 부족한 공간이었다.

"어서 오세요. 여기가 한국 전쟁에서 살아남은 우리들이 가끔씩 모여서 이야기를 나누며 여생을 보내는 곳입니다. 저희들에게는 보금자리와 마찬가지죠."

참전용사 협회 엠넬루 회장과 게타쵸 부회장이 우리를 반갑게 맞아 주었다. 협회 사무실 벽에는 '에티오피아와 한국인의 우정이여 영원하라!'는 문구가 걸려 있었다. 그 아래로는 이들이 전투에 참가했던 지역의 대형 지도가 걸려 있었다. 3년간 전쟁을 벌인 강원도 화천과 양구, 철원 지역이 지도에 표시돼 있었다. 현재는 모두 비무장지대에 속하는 곳이었다. 그들은 경기도 가평에 본부를 두고 최전선을 오갔다.

엠넬루 회장은 전투 지역을 낯선 이방인들에게 자세히 소개했다. 그는 단장의 능선 Heart Break Ridge, 펀치볼 Punch Bowl, 철의 삼각지대 Triangle Hill를 손가락으로 짚어 가며 설명했다.

펀치볼은 내가 태어나 살아온 양구의 최전방 마을이었고, 철의 삼각지대는 에티오피아로 떠나기 전 눈이 내렸던 비무장지대였다. 그곳의 지뢰밭 사이로 난 길을 달리고 있을 때 에티오피아를 다녀오겠느냐는 전화를 받았다.

"한국 전쟁이 일어나자 세계 16개국에서 한국으로 달려갔어요. 우리도 과거 이탈리아로부터 침략을 당해 본 아픈 경험이 있어 망설이지 않

에티오피아 군인들이 전투에 참가한 지역을 설명하는 엠넬루 회장
에티오피아 대대는 경기도 가평군 소법리에 주둔지를 마련한 뒤 최전선을 오고갔다.

한국인에게 잊혀진 땅 에티오피아

고 참전을 결정했습니다."

엠넬루 회장에게 궁금했던 이야기를 물었다.

"한국 전쟁에서 121명이 전사하고 536명이나 부상당했는데, 참전을 후회한 적은 없습니까?"

"우리는 참전했던 것이 오히려 자랑스럽습니다. 우리가 지켜낸 한국이 잿더미에서 일어나 세계적인 무역 국가가 되었다는 사실에 젊음을 바친 보람과 자부심을 느낍니다. 지금 한국에서 전쟁이 일어난다고 하더라도 그때와 같은 결정을 내릴 것입니다."

"참전용사들에게 지금 필요한 것은 무엇입니까?"

"사무실이 비좁아 여러 명이 모이기에 너무 불편합니다. 그리고 비싼 임대료를 주면서 운영하고 있어서 무엇보다 마음 놓고 이용할 수 있는 우리들만의 공간이 있었으면 좋겠습니다. 트리니티 교회 지하에 있는 전우들이 편안하게 쉴 수 있는 묘지도 필요하지만……."

참전용사들은 그동안 아디스아바바 시내에서 빈 사무실을 찾아 전전했다. 이들이 원하는 것은 임대료 없이 쉴 수 있는 공간이었다. 트리니티 교회 지하에 잠든 전사자들의 문제까지 해결할 수는 없지만, 살아 계신 분들의 한 가지 소원은 들어주어야 하는 것이 도리 같았다.

사무실을 나오는 길에 한 노병이 지갑에서 사진을 꺼내 보여 줬다. 참전 당시 찍은 것으로 보이는 흑백 사진이었다. 여전히 간직하고 있는 것으로 보아 그에게는 아주 소중한 사진처럼 보였다.

참전 기념 회관 주춧돌을 놓다

2004년 5월 6일 아디스아바바 외곽 아핀 초버르 공원으로 향하는 길은 한산했다. 도시의 변두리가 대개 그렇듯 마치 박격포탄이 터지면서 패인 것 같은 도로를 지날 때마다 차가 흔들렸다. 작은 언덕 위로 전봇대보다 훨씬 높은 유칼립투스 나무가 어깨를 맞대고 서 있었다. 이곳에서는 한국 전쟁 참전용사 회관을 건립하기 위한 기공식이 예정되어 있었다. 시멘트 벽돌을 쌓아 만든 자그마한 토대 옆으로 주춧돌 하나가 놓여 있었다.

"여러분들이 반세기 전 자유와 평화를 위해 피를 흘린 공로에 보답하기 위해 기념 회관과 기념탑을 건립하겠습니다. 그리고 여러분들이 자랑스럽게 여기는 유품을 한국에 전시해 대한민국 국민들이 영원히 기억하도록 하겠습니다."

방문단 대표인 류종수 춘천시장이 말문을 열었다. 그는 이번에 에티오피아의 수도 아디스아바바와 자매결연을 맺기 위해 방문했다. 한반도에서 전쟁이 일어났을 때 그는 10살이었는데 중공군이 침입해 왔을 때 미처 피난을 가지 못해 인공 치하에서 김일성 장군을 찬양하는 노래를 배워야 했다고 말했다. 그는 남북이 하나가 되지는 못했지만 나름대로 체제가 안정된 것은 에티오피아 참전용사들의 도움이 컸다고 말했다.

"오래 살다 보니 이런 기공식을 보게 되어 감회가 새롭습니다. 한국 전쟁이 일어난 지 50년이 넘었습니다. 42년간 우리는 참전용사 협회를 설립하지 못했습니다. 그러다 신의 도움으로 11년 전 참전용사 협회를 만들 수 있었습니다. 아직도 한국 전쟁에서 전사한 121구의 시신이 트리니티 성당에 묻혀 있습니다. 한국 전쟁 당시에도 매우 힘들었지만, 더 견디기 힘든 것은 이들이 영원한 안식처를 갖지 못한 것이었습니다. 참전 기념 회관이나 기념탑이 없다면 우리 후손들은 한국 전쟁을 기억하지 못할 것입니다. 그리고 한국 전쟁에서 어떤 일이 있었는지 알 수 없을 것입니다. 신의 은총으로 기념관을 세우게 되는 것에 감사드립니다. 춘천은 참전용사들에게는 고향과 마찬가지입니다. 전쟁터에서 돌아와 잠시 쉬었던 곳입니다. 제가 한국 전쟁에 참전할 때가 19살이었습니다. 참전 기념 회관이 건립된다니 다시 그때로 돌아가는 것 같습니다."

엠넬루 회장의 말에 이어 4년 전 코리언 빌리지를 방문했던 국제로터리 3730지구 김병각 전 회장이 말문을 열었다.

"2000년 5월 이곳에 왔을 때 달동네 같은 풍경에 눈물이 나 아무 말도 못했습니다. 전쟁 때 한국을 도와준 나라인데 우리는 무엇을 하고 있는가? 라는 자괴감밖에 들지 않았습니다. 참전용사 협회 사무실에 가 보았지만 아무것도 없었습니다. 우리가 초등학교 다닐 때만도 못한 건물들을 보니 안타까웠습니다. 하지만 우리가 해 줄 수 있는 것은 아무것도 없었습니다. 그 당시 한국대사관이 한 것은 텔레비전을 사 준 것이 전부였습니다. 형편상 그 이상 돕기는 힘들었던 모양입니다. 이제는 두 발을 뻗고 자게 됐습니다."

신광철 사무국장도 감회가 깊기는 마찬가지였다.

"올해로 에티오피아를 다닌 지 10년째 되는 해입니다. 그때부터 후원 활동을 시작했으나 IMF를 만나 어려움이 참 많았습니다. 사비를 털어야 할 때도 있었습니다. 그동안 자매 관계를 맺고 도와주었으면 하고 꿈

한국 전쟁 참전 기념 회관 기공식
2004년 5월 6일 아디스아바바 외곽 아핀 초버르 공원에서 열린 에티오피아 한국 전쟁 참전용사 기념 회관 기공식. 이날 주춧돌을 놓은 곳이 건물의 기초가 됐다.

꾸었던 일들이 현실이 됐습니다. 이번이 열여덟 번째 방문이지만 그래서 기분이 참 묘합니다."

테이프 커팅에 이어 시삽이 끝나자 인부가 능숙한 손놀림으로 모르타르를 편 뒤 주춧돌을 놓았다. 건물의 기초가 되는 곳이었다. 앞으로 건물이 완공되면 참전용사들의 기념 회관과 박물관으로 사용될 예정이었다. 주춧돌에는 이렇게 적혀 있었다.

'대한민국과 30만 춘천시민의 마음을 담아'

아디스아바바와의 자매결연은 대한민국이 먼저 나섰다기보다 에티오피아의 요청으로 시작됐다. 아디스아바바 시는 2003년 12월 15일 에티오피아 주재 한국대사관을 통해 대한민국의 도시와 자매결연을 하고 싶다는 제안을 해왔다. 형편이 넉넉지 않은 아디스아바바 시는 양측의 상공회의소를 통해 교역과 투자를 활성화하고 관광 및 문화 분야에서 교류하기를 희망했다. 여기에 인적 자원과 공공 서비스 등 도시 개발과 관련된 프로그램의 지원을 요청했다.

당시 아디스아바바 시청의 타미랏 대외협력국장은 중국의 베이징이나 남아프리카 공화국의 요하네스버그와 가졌던 자매결연과 비슷한 수준의 교류가 이뤄지기를 기대했다. 사실 대한민국의 수도인 서울시와 자매결연을 염두에 두고 있었던 것이다. 그러나 요청을 받은 서울시는 난색을 나타냈다. 외교부는 당황스러웠다. 차선책으로 대전시를 추천했지만 이번에는 아디스아바바 시가 대전시와는 아무런 관련이 없다면서 거절당했다. 잘못하다가는 외교상 문제로 번질 수도 있었다.

외교부의 고민이 깊어지고 있는 가운데 구원 투수로 지목된 도시가 강원도 춘천시였다. 처음에 아디스아바바 측은 한 나라의 수도가 한국의 작은 도시와 자매결연을 맺는다는 것이 생뚱맞다는 입장이었다. 그도 그럴 것이 인구 370만이 넘는 아프리카의 허브 도시가 인구 23만 명의 한국 소도시와 자매결연을 맺는 것은 전례가 없었다.

이때 엉킨 실타래를 풀어 준 것이 춘천 공지천에 있는 에티오피아 참전용사 기념탑이었다. 춘천은 한국의 작은 도시에 불과하지만 한국 전쟁 참전용사들의 성지와 마찬가지라는 말에 고개를 끄떡였다. 틀어질 뻔했던 자매결연은 이렇게 합의가 이뤄지면서 급진전됐다. 어린이 교육을 위한 중고 컴퓨터와 중고 소방차를 함께 지원해 달라는 요구가 추가되었고, 열악한 도로를 건설하는 데 대한민국 정부의 지원을 요청했다. 그렇게 춘천시와 아디스아바바 시의 인연은 시작되었다.

참전용사 회관 주춧돌을 놓은 아디스아바바 코리언 빌리지 위로 해가 저물고 있었다. 유칼립투스 나무 아래 달동네에도 서서히 어둠이 내려앉았다.

완공된 참전용사 기념 회관

2006년 2월 26일 2년 만에 에티오피아 한국 전쟁 참전용사 기념 회관이 완공되었다.
에티오피아 아디스아바바시는 참전 기념 회관을 건립한 한국인의 뜻을 기리고, 참전용사들의 한국전 참전 사실을 널리 알리기 위해 2010년 아핀 초버르 공원의 이름을 한국전 참전 기념 공원으로 바꿨다.

한국에 젊음을 바친 참전용사들

양철대문 앞에서 만난 참전용사의 손녀들
참전용사 네가투 씨가 일을 나간 사이 어린 손녀들이 집을 지키고 있었다.

낡은 함석집이 빽빽이 모여 있는 아디스아바바 시내의 가난한 골목길 양철대문 앞에서 어린 천사들을 만났다. 한 아이는 머리에 노란 꽃핀을 꽂고 있었다. 아이들의 할아버지인 참전용사 네가투(85) 씨는 집에 없었다. 그때 또 다른 열세 살짜리 손녀가 나와 손님을 맞았다.

"할아버지는 돈을 벌기 위해 나가셨어요."

손녀를 따라 들어간 집은 일가족 일곱 명이 함께 사는 3평 정도의 비좁은 공간이었다. 낡은 두 개의 침대 위에는 옷가지가 어지럽게 널려 있었다. 아무리 봐도 이렇게 좁은 단칸방에서 일곱 명이 함께 잠을 자는 모습은 상상하기 힘들었다.

거실 겸 침실로 사용하는 방의 구석에는 플라스틱 함지가 놓여 있었다. 비가 내릴 때마다 지붕에서 새는 물을 받기 위해서였다. 천장은 비에 젖어 점점 내려앉고 있었다. 침대 아래에는 반짝반짝 빛나는 새 양철 자재가 있었다. 빗물을 막기 위해 마련한 지붕 자재를 낡은 침대 아래에 보물처럼 간직하고 있었다.

네가투 씨는 집에 없었지만 그의 사진은 방을 지키고 있었다. 먼지와 때에 찌든 전선이 널려 있는 천장 아래로 초상화가 눈에 들어왔다. 한국 전쟁 당시 '낙타고지' 전투에 참여했던 그의 젊은 시절 모습이었다.

"할아버지는 가끔 아주 먼 나라에서 일어났던 전쟁 이야기를 해 주세요. 그곳은 한국이라고 했는데, 저는 어디에 있는지 잘 몰라요."

네가투 씨 가족은 매월 3만 원 정도의 수입으로 생계를 꾸려가고 있었다. 오늘도 네가투 씨는 늙은 몸을 이끌고 일거리를 찾아 거리로 나섰다. 온 가족이 일을 하러 나간 사이 텅 빈 집은 어린 손녀 셋이 지키고 있었다.

식사를 마련하는 부엌은 더 누추했다. 나무를 때서 음식을 만드는 부엌은 연기에 그을려 동굴처럼 새까맸다. 바닥에는 열기를 잃은 재와 타다 남은 나무토막이 뒹굴고 있었다. 전쟁터에서 젊음을 불태웠으나 가난밖에 남지 않은 그의 처지와 비슷했다.

또 다른 참전용사 덴루바 데보(84) 씨를 만나러 가는 길은 비에 젖어 미끄러웠다. 벽이 무너져 내릴 듯 위태로워 보이는 집이 덴루바 씨의 거처였다. 그나마 참전용사 후원회의 도움으로 벽과 천장, 바닥, 출입문을 새로 고쳐 깨끗했다.

덴루바 씨는 병상에서 일어나지 못했다. 건강이 점점 악화되면서 하루 종일 침대에 누워 있었다. 그는 할아버지가 된 동생이 지어 주는 음식으로 끼니를 이어 가고 있었다. 동생은 바로 옆집에 살고 있었다. 몸을 움직이는 것조차 힘든 그에게 친구라고는 하루 종일 머리맡에서 세상 소식을 전해 주는 라디오뿐이었다. 덴루바 씨는 기력이 너무 약해져 제대로

한국 전쟁에 참전했을 당시의 네가투 씨 초상화
네가투 씨의 단칸방 벽에 걸려 있는 초상화이다. 한국 전쟁에 젊음을 바친 그에게 남은 것은 가난밖에 없었다.

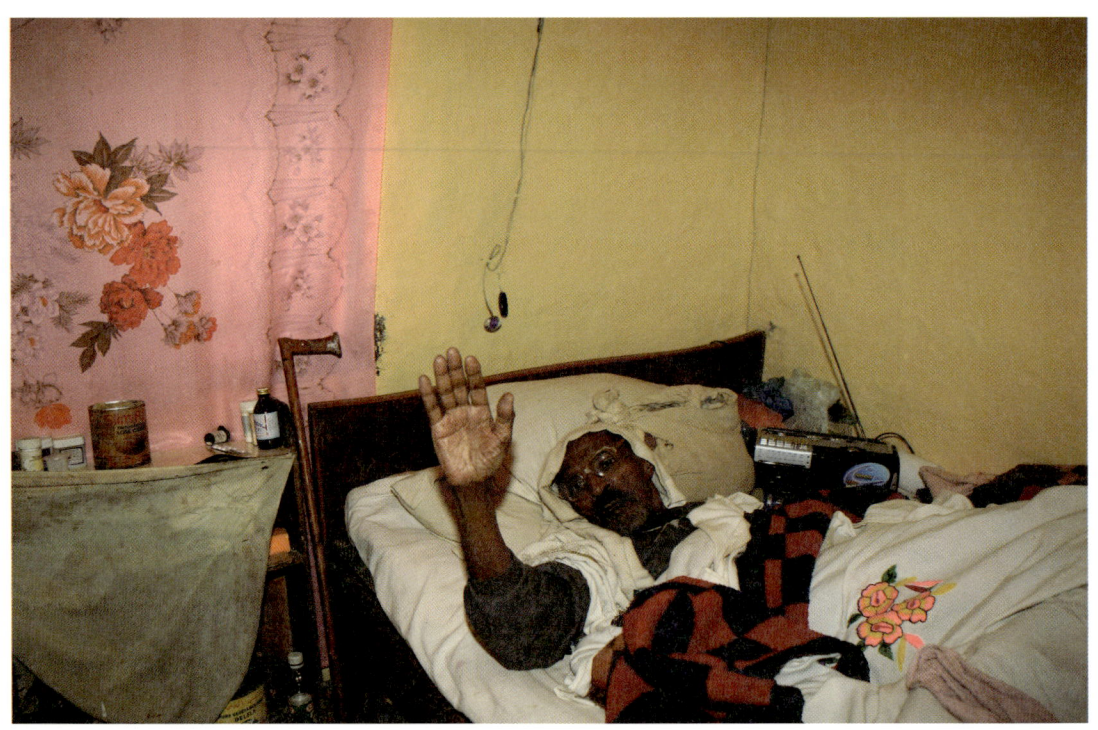

참전용사 덴루바 데보 씨
참전용사 덴루바 데보 씨는 건강이 악화되면서 침대에서 일어나지조차 못했다. 그는 누워서 한국에서 온 우리를 맞고 보냈다.

말을 하지 못했다. 그는 "찾아와 주어서 고맙다."라는 말만 되풀이했다. 늦게 찾은 것이 미안했다.

참전용사의 집을 안내하던 코디네이터 칼렙 씨는 코리언 빌리지 언덕 아래에서 티코 승용차를 세웠다. 그는 백미러를 떼어 가방에 넣었다.

"그냥 세워 두면 남아나는 것이 없어요!"

칼렙 씨는 에티오피아에서도 경기가 침체되면서 물자가 귀해졌다고 귀띔했다. 골목길은 이끼로 덮인데다 비에 젖어 미끄러웠다. 숨이 차오르는 마을길 끝에서 참전용사 세토타울 웬데(80) 씨를 만났다. 할아버지는 '깔깔이'라고 불리는 군인들의 방한 내피를 입고 있었다. 당시 철원의 낙타고지 전투에 참여했던 세토타울 씨도 전쟁 이야기보다 최근 새로 고친 주방에 관심이 많았다.

"이제 지붕에서 비가 새지 않아 행복하게 살다 죽을 수 있다네."

세토타울 씨의 집도 한국 전쟁 참전용사 후원회의 도움으로 지붕을 고칠 수 있었다.

"돌아가시기 전까지 조금이라도 나은 환경에서 살게 해 주고 싶어 보수 사업을 시작했습니다. 앞으로 10년이 지나면 대부분 돌아가실 것 같아 걱정이에요. 우리가 보면 아무것도 아닌 것 같지만 이분들에게는 아주 큰 것입니다."

참전용사 후원회 신광철 사무국장의 말이었다.

소나기가 몰고 온 흙탕물이 마을 하천으로 흘러들어 물줄기를 붉게 물들이고 있었다.

하부탐 미카엘(80) 씨는 한국 전쟁 당시 전투 현장에서 휴전을 맞은 분이었다. 그는 1953년 3차 파병 부대의 한 명으로 한국 전쟁에 파견되었다. 하부탐 씨는 당시 셀라시에 황제의 명령을 아직도 기억하고 있었다.

"자유가 없는 곳에 가서 너희들의 목숨을 바쳐 한국을 자유롭게 하라."

하부탐 씨가 황제를 호위하는 근위대에 들어간 것은 19살 때였다. 그 뒤 자원자에 한해 선발하는 한국 전쟁 파병 부대에 지원했다. 하부탐 씨가 미처 예상하지 못했던 고통은 뱃멀미였다.

"파도가 거칠어질수록 뱃멀미가 너무 고통스러웠어. 물조차 먹지 못했는데 계속 쏟아져 나오는 거야. 그때는 차라리 죽는 것이 낫다고 생각했지."

하지만 한국이 가까워질수록 점점 두려워졌다고 했다.

"도착을 앞둔 며칠 전부터 겁이 나기 시작했

깔깔이를 입고 있는 참전용사 세토타울 씨
국군의 방한 내피인 '깔깔이'를 입고 있던 참전용사 세토타울 웬데 씨는 최근 비가 새던 지붕을 고친 이야기를 자랑하느라 전쟁의 고통과 코리언 빌리지의 불편은 잊어버린 듯했다.

어. 그래서 아무런 생각도 나지 않았어."

3주간에 걸친 항해 끝에 부산항이 모습을 드러냈다. 그의 일행은 부산에서 산악 지형에 적응하는 훈련을 마치고 전선으로 이동했다. 병력을 실은 트럭은 야간에만 이동했다. 그리고 전선을 교대하자마자 나흘 동안 치열한 전투를 벌였다. 80mm박격포 사수였던 하부탐 씨는 요크 힐$^{York Hill}$ 전투 중에 다쳐 3개월 동안 의무대에서 치료를 받은 뒤 다시 전쟁터로 돌아왔다. 그리고 얼마 뒤 전쟁의 포성이 멈췄다.

"휴전 덕분에 살아 돌아올 수 있었지. 휴전이 됐다는 소식을 듣고 얼마나 기뻤는지 몰라."

황제는 전쟁에서 살아 돌아온 그에게 집을 짓고 살라고 땅을 주었다. 코리언 빌리지의 시작이었다. 하지만 멩기스투가 쿠데타를 통해 에티오피아를 공산화시키면서 황제는 폐위됐다. 그의 삶에 또 다른 폭풍우가 몰아쳤다. 전우들은 고향으로 돌아가거나 거지와 같은 비참한 생활을 하게 됐다. 그는 간신히 경비원 일자리를 구했다.

"제국주의 편에서 공산주의와 싸웠다는 것이 죄였지. 뭐라고 말을 할 수도 없었고 대항할 엄두조차 못했어."

그에게 황제는 아직도 자상한 사람으로 남아 있었다.

"그분이 폐위됐다는 소식을 듣고 너무 슬펐어. 아버지와 같은 분이어서 모두들 존경했거든. 전장에서 돌아오면 음식을 먹여 주기도 하셨지. 한국 전쟁에서 돌아오자 메달을 걸어 주셨던 분인데……."

하부탐 씨는 5남 2녀를 두었다. 아내는 5년 전 먼저 세상을 떠났고, 지금은 사위집에서 딸과 함께 살고 있었다. 아들은 도와줄 생각을 하지 않는다고 푸념하는 모습이 꼭 한국 할아버지의 모습과 닮았다.

초등학교 4학년인 손녀 키라다 무레가 망고를 쟁반에 담아가지고 나왔다. 하부탐 씨는 손녀가 한국에서 지어 준 학교에 다닌다며 자랑스럽게 말했다.

참전용사 하부탐 미카엘 씨 참전 당시의 옷과 메달을 자랑스럽게 보여 주고 있다.

참전용사 하부탐 씨의 손녀 키라다 무레 양이 집 앞에서 손을 흔들고 있다.

"딸은 지금 일하러 나가서 여기에 없어. 뭐라도 마시게 우리 마을의 바^{Bar}로 가세."

그런데 몇 년 사이 코리언 빌리지를 관통하는 대로가 생겨 마을의 모습은 예전과 달랐다. 노을이 지는 큰 길을 따라 함께 걸었다.

"인제라^{Injera}를 먹을까?"

인제라는 에티오피아 주식으로 빈대떡과 모양이 비슷했다. 한국식으로 하면 밥 먹자는 말이었다.

"아니에요. 여기 오기 전에 암보를 사 먹어서 배가 불러요."

암보는 에티오피아의 탄산수였다.

"저런, 짐승이나 먹는 걸 왜 먹었어. 커피나 한 잔 하지."

하부탐 씨는 마을에서 영향력이 있는 원로였다. 바에서 만나는 동네 사람들은 모두 그에게 다가와 인사를 했다.

"할아버지처럼 생존하신 참전용사가 몇 분이나 되시죠?"

"이제 700명밖에 남지 않았어. 우리 아데바바이 마을에도 6명밖에 없지. 한국 전쟁에 다녀왔던 우리 동료들은 악숨, 그리고 랄리벨라, 곤다르, 짐마, 월레타 등지에 흩어져 살고 있어. 자네도 그곳에 가면 동료들을 만날 수 있을지도 몰라. 그들도 나처럼 한국 전쟁에 얽힌 이야기를 풀어 놓을 거야."

참전용사들은 점점 코리언 빌리지를 떠나고 있었다. 생활 환경이 열악하기 때문이었다. 5평 남짓한 공간에서 동물과 함께 사는 사람이 있는가 하면, 아직까지 공동 화장실을 사용하는 경우도 있었다. 시내까지 가는 교통편도 불편했고 집터도 그들의 땅이 아니었다.

"한국 전쟁에 참전한 분들에게 뭐라고 감사드려야 할지 모르겠네요."

"한국이 잘 살고 있으니 우리가 고맙지. 우리의 대가가 헛되지 않은 것 같아 고마워. 한국 사람들이 잘 살아 주는 것이 신세를 갚는 것이라네."

2부 | 먼 나라 한국 땅의 혹독한 추위와 전쟁

아프리카에서 살아온 각뉴 부대원에게 한국의 겨울은 살을 에는 듯 혹독했다. 기온은 영하 30도 아래까지 떨어졌다. 방한모와 방한복을 껴입어도 추위는 아프리카 청년들의 옷 속으로 파고들었다. 아프리카에서 이런 추위를 경험하지 못했던 각뉴 부대는 여느 유엔군보다 더 힘들게 추위와 싸위야 했다. 손이 얼어 방아쇠를 당기는 것조차 힘겨웠다.

미지의 땅
한국으로 떠나다

"혼란에 빠진 한국을 구하라!"

1951년 4월 12일 오전 10시 45분 에티오피아의 수도 아디스아바바 궁정에서 열린 출정식에서 하일레 셀라시에$^{Hale\ Selassie}$ 황제의 명령이 떨어졌다. 그날 출정식은 정부 고위 관료들과 함께 셀라시에 황제가 도착하자 바로 시작됐다. 황제는 파한 에티오피아 사령관에게 부대기를 건네주며 당부했다.

"제군들은 저 먼 곳에 있는 한국인의 자유와 권리를 위해 싸워야 한다. 이것이 한 나라가 어려움에 처하면 나머지 국가들이 힘을 합쳐 도와주는 국제 집단 안보 원칙이다!"

황제는 자신의 근위대로 편성된 파병 부대의 명칭을 각뉴 부대로 명명했다. 이 명칭은 한국인에게는 낯설지만 '비둘기부대'나 '화랑부대' 이상의 깊은 의미가 황제에게 있었다. 에티오피아의 공용어인 암하라 어^{Amharic}로 '각뉴'는 두 가지 의미가 있었다. 하나는 '혼란으로부터 질서를 회복한다'는 의미였고, 다른 하나는 '어떤 것을 무찌른다'는 뜻이었다. 혼란이란 북한이 38선을 넘어 남침하면서 발발한 한국 전쟁을 의미하는 것이었다. 그리고 무찔러야 하는 대상은 남침한 적군이었다.

셀라시에 황제가 미지의 나라 한국으로 출전하는 해외 파병 부대에 각

에티오피아의 마지막 황제 하일레 셀라시에
한국 전쟁 당시 자신의 근위대를 한국에 파견했던 하일레 셀라시에 황제가 1968년 5월 춘천시 한국 전쟁 참전 기념탑을 찾았다.

뉴라는 이름을 붙인 데는 특별한 사연이 있었다. 칵뉴는 셀라시에 황제가 부왕의 애마 이름에서 따와 자신의 전용기에 붙였던 애칭이었다. 부왕은 칵뉴를 타고 다니며 이탈리아 침략군을 격파했다. 이어 셀라시에 황제도 이탈리아 침략군과 독립 전쟁을 벌이던 당시 자신의 전용기 칵뉴를 타고 전선을 시찰했다. 요즘 대통령이 타는 공군 1호기$^{Air\ Force\ One}$에 해당한다. 칵뉴 기는 1936년 3월 17일 이탈리아 공군에 의해 격추되기 전까지 부상병들을 실어 나르는 역할도 했다. 이처럼 칵뉴라는 이름에는 황제의 각별한 애정이 깃들어 있었다.

사실 근위대원들은 출정식 직전까지 진행되던 강도 높은 훈련의 목적이 무엇인지 모르고 있었다. 근위대의 훈련은 범상치 않았고 정부 고위층 관리가 자주 근위대를 방문했다. 그런가 하면 각 부처 장관과 장군들도 찾아와 훈련 중인 근위대원들을 격려하고 돌아갔다.

먼 나라 한국 땅의 혹독한 추위와 전쟁

아디스아바바에서 한국으로 떠나는 참전용사들
에티오피아 참전용사들은 1951년 4월 13일 아디스아바바에서 열차 편으로 미국 수송선이 대기하고 있는 홍해 지부티 항구로 떠났다.(에티오피아 한국 전쟁 참전 기념 회관 영상 자료)

근위대의 훈련은 아디스아바바 북쪽의 산간 지역과 시내 북동쪽 외곽에서 진행됐다. 훈련 과목은 공격과 방어, 중화기 사격, 매복, 특수 무기 사용법 등이었다. 장교들은 강의실에서 작전과 관련된 수업을 받았으며, 보병들은 하루 종일 땡볕 아래에서 맹훈련을 실시했다. 중화기 사격 팀은 정해진 목표물을 맞히는 사격 연습을 되풀이했다.

공산주의가 무엇인가에 대한 강의에서는 제2차 세계 대전 당시 미군이 일본군과 싸우는 전투 장면이 상영됐다. 영어 시간에는 셰익스피어의 희곡을 교본으로 삼아 수업을 진행했는데, 당시 근위대는 셰익스피어의 작품으로 영어 공부를 할 정도로 지식인이었다. 이처럼 황제의 명령을 충실하게 수행하기 위해서는 근위대보다 더 나은 부대는 에티오피아에 없었다.

서서히 훈련의 목적이 한국 전쟁 때문이라는 소문이 병영에 돌기 시작했다. 삽시간에 퍼진 소문은 출발 2주 전 한국인에 대한 강의가 시작되면서 사실로 확인됐다. 파병 훈련은 1951년 3월 하순에 모두 끝났다.

한국으로 떠나기 전 마지막 날 장교들과 병사들에게 가족들을 만나 작별 인사를 할 수 있는 짧은 시간이 주어졌다. 에티오피아를 벗어난 적이 없는 군인들에게 한국이라는 나라는 아주 먼 미지의 세계였다. 그곳의 전쟁터로 간다는 것은 살아서 조국에 돌아오지 못하는 것을 의미했다. 그러나 대부분의 군인들은 한국으로 떠날 각오가 돼 있었다.

파병을 위한 행정 절차와 군수 보급 문제도 1951년 4월 초에는 거의 해결됐다. 여기에다 전통 악기를 다룰 수 있는 군인들로 위문대까지 편성됐다. 진지 후방에서 전통 악기를 연주하며 지친 병사들을 모국어로 위로하는 것이 그들의 임무였다.

셀라시에 황제가 지구 반대편 한국에 군대를 보내기로 결심한 것은

1935년 10월 이탈리아 무솔리니 군대의 침략을 받았던 쓰라린 경험 때문이었다. 황제는 국제 연맹League of Nations 본부를 찾아가 국제 사회의 힘으로 즉각 침략자를 응징해 줄 것을 호소했다. 그런데 식민지 전쟁에 뛰어든 열강들은 자국의 이해관계가 얽힌 문제여서 전혀 관심을 기울이지 않았다. 결국 에티오피아는 6년간 식민지로 전락하고 황제는 해외로 망명해 독립운동을 벌여야 했다. 그래서 황제는 한국에서 전쟁이 일어났다는 뉴스가 전해지자 1950년 8월부터 파병 준비에 들어갔다. 이번에야말로 국제 사회가 하나로 똘똘 뭉쳐 침략군을 물리치는 집단 안보 보장 체제를 굳건히 해야 한다는 신념 때문이었다.

셀라시에 황제에게 출국 신고를 마친 칵뉴 부대는 마침내 다음 날 오전 9시 아디스아바바 역에서 홍해의 지부티Djibuti 항구를 향해 출발했다. 수많은 시민과 정부 고관들이 나와 부대원들을 환송했다. 이들을 태

칵뉴 부대가 한국으로 떠났던 철길
수도 아디스아바바-디레다와-홍해 지부티 항구를 연결하는 철길로 에티오피아 참전 용사들은 1951년 4월 13일 아디스아바바 궁정에서 출국 신고식을 한 뒤 이 길을 따라 한국으로 떠났다.

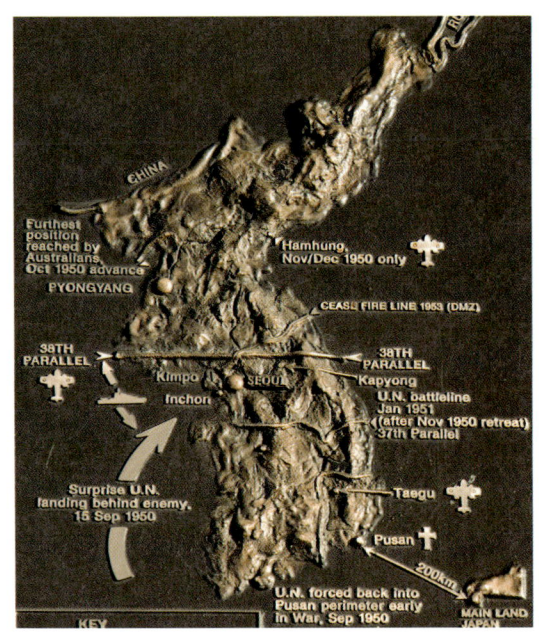

한국 전쟁 당시 유엔군 주요 참전 지점

운 협궤열차는 역을 빠져나가 고원 사이로 난 철로를 따라 미끄러지기 시작했다. 칵뉴 부대원들은 도중에 디레다와에 잠시 들러 주민들의 환송을 받았다. 에티오피아 제2의 도시인 디레다와는 홍해와 아디스아바바를 잇는 기찻길이 열리면서 급부상한 신흥 도시였다. 이 기찻길은 아직도 에티오피아에서 화물을 수송하는 기간 시설로 이용되고 있다.

기차가 멈춰선 지부티 항구에는 미군 수송선 제너럴 매크리아 General Macrea 호가 대기하고 있었다. 4월 16일 밤 칵뉴 부대원이 모두 승선하자 미군의 수송선은 닻을 올린 뒤 서서히 항구를 빠져나갔다. 항구에 모인 지부티 주민들은 손을 흔들며 환송했다. 그들은 한 번도 조국을 떠나 본 적이 없는 1,185명의 에티오피아 군인들이 다시 무사히 항구에 모습을 드러내기를 기원했다.

미군 수송선은 인도양으로 순항하다 한국 전쟁터로 향하던 그리스와 네덜란드 군대를 만났다. 에티오피아 군인들은 자신들처럼 한국으로 가는 유엔군을 이때 처음 만났다.

수송선은 태국의 군인들을 태우고 다시 파도와 싸우며 항해를 계속했다. 파도에 휩쓸리는 수송선 위에서 부대원들은 멀미 때문에 하루 종일 구토를 반복하다 기진맥진해 갑판에 쓰러졌다.

테페라 소령은 이렇게 회고했다.

"뱃멀미가 너무 심해 식사를 하지 않으려는 군인들도 있었어요. 뱃멀미에 지친 군인들은 멀미를 그치게 해 달라고 기도할 정도였습니다."

그 무렵 한국 전쟁은 긴박하게 돌아갔다. 한강이 맥없이 함락되더니 대구와 부산만 남는 아슬아슬한 상황이 됐다. 전투는 1950년 9월 인천

상륙 작전으로 극적인 전환기를 마련했다. 하지만 만주에 대기하고 있던 중공군이 그해 겨울 압록강을 건너면서 전세는 다시 역전됐다.

전쟁을 끝낸 뒤 고향으로 돌아가 성탄절을 맞겠다던 유엔군들은 하필 성탄절 이브에 중공군의 공격을 받았다. 유엔군은 중공군의 인해 전술에 밀려 38선 부근까지 후퇴한 뒤 임시 방어선을 편성했다. 한국의 강추위와 험악한 지형 앞에 유엔군의 기동 장비는 무용지물이었다. 도로가 제대로 나 있지 않는 산악 지역에서 유엔군의 장비들은 전투력을 발휘하지 못했다. 1951년 1월 4일 서울은 다시 공산군의 수중에 들어갔다.

상황이 급박해지자 유엔 16개국이 참전을 결의했다. 이 가운데 아프리카에서 유일하게 지상군을 파병하기로 한 나라가 에티오피아였다. 한 번도 외국을 침략해 본 적이 없는 에티오피아가 해외에 군대를 파병한 것은 역사상 최초였다.

오랜 항해 끝에 한국의 부산항이 멀리 보이기 시작했다. 지부티 항을

오늘날의 부산항
1951년 5월 6일 칵뉴 부대를 태운 수송선이 도착했던 부산항의 모습이다.

에티오피아 연락 장교들
유엔군과의 작전을 주고 받던 연락 장교들의 모습이다.

출발한 지 21일 만인 5월 6일 부산항이 마치 신대륙처럼 눈앞에 펼쳐졌다. 항구에는 이승만 대통령과 한국인들이 아프리카에서 온 전사들을 기다리고 있었다.

칵뉴 부대원들은 차량에 옮겨 탄 뒤 부산 동래의 유엔군 수용소로 이동했다. 이들은 어기서 6주 동안 미군의 현대식 무기를 다루고 한국 지형에 적응하는 훈련을 실시했다. 이때 부대원들은 영화 속에서나 보던 화염 방사기를 다루는 법을 배웠다. 제네바 규정에 따라 포로를 다루는 방법도 익혔다. 그리고 종군 목사들은 참된 우정이란 아군뿐만 아니라 전쟁 포로에게도 미쳐야 한다고 가르쳤다.

칵뉴 부대는 미군 7사단 32연대에 배속됐다. 대대는 특별 열차편으로 부산 동래역을 출발해 그해 7월 11일 주둔지인 경기도 가평군 소법리에 도착했다. 화악산 너머 최전선에서는 전운이 감돌고 있었다.

긴박한 전쟁터와
살을 에는 추위

마침내 각뉴 부대는 1951년 8월 9일 오후 중동부 전선을 향해 떠났다. 군인들을 실은 트럭이 경기도 가평을 출발해 5번 국도로 접어들자 점점 전선이 가까워졌다. 부대는 강원도 화천군 상서면 신대리를 지나 노동리 부근에서 전투 준비에 들어갔다.

최전선은 휴전 회담이 시작되면서 교착 상태에 빠졌다. 서로 유리한 고지를 점령하기 위해 수색과 정찰, 포격전을 끊임없이 반복했다.

미군 7사단 소속으로 에티오피아 부대가 처음 전투에 투입된 곳은 화천군 적근산 전방 최전선이었다. 왼쪽으로는 국군 2사단이, 오른쪽에서는 국군 6사단이 어깨를 맞대고 적과 대치하고 있었다. 정면에 자리 잡은 중공군은 금성천을 배수진으로 삼아 전열을 가다듬고 진지를 강화하고 있었다. 적군은 곳곳에 벙커와 장애물을 설치해 놓고 있었다.

8월 12일 낮 12시 30분 각뉴 부대는 분대 규모의 정찰대를 적근산 전방 봉당덕리 인근 589고지 남측까지 침투시켰다. 정찰대는 10여 명 규모의 적이 사격을 가해오자 10분 동안 총격전을 벌였다. 다행히 첫 전투에서 인명 손실은 없었다.

8월 14일 오후 4시 본격적으로 수색전을 벌이기 위해 소대 규모의 정찰대를 다시 파견해 적이 접근하기를 기다렸다. 자정이 지나도록 적은

대치하고 있는 남북한
킥뉴 부대가 전투를 벌였던 지점에서 여전히 남북한은 대치하고 있다. '주체조선'이라는 글씨가 있는 곳이 북한이며, 아래 전봇대가 있는 지점이 남한이다. '주체조선'이라는 선전문구는 2007년 사라졌다.

움직이지 않았다. 그러나 15일 오전 1시 45분 적의 박격포탄이 난데없이 잠복 지역 주변으로 쏟아졌다. 소대장은 적이 먼저 아군의 잠복 사실을 눈치 챈 것으로 판단하고 이동을 시작했는데, 이번에는 이동로를 따라 포탄이 떨어졌다. 이때 적의 포격과 총격으로 자동소총 사수 피가르^{Figar} 일병이 전사했다. 그는 대대의 첫 희생자였다. 이를 목격한 기파르^{Gifar} 일병이 달려가 자동소총으로 침입하는 적을 향해 맹렬하게 사격을 가하자 적은 순식간에 흩어지기 시작했다. 적은 4시간에 걸친 전투에서 30명의 전사자를 남겨 두고 도망갔다. 기파르 일병은 이 공로로 미군 은성훈장을 받았다. 8월에는 이 일대에서 네 번의 전투가 더 벌어졌다.

미군 7사단은 사단 정면에서 가장 위협적인 전진 거점이었던 흑운토령 851고지를 이달 26~28일 공격했으나 손실만 입고 실패했다. 3개월간 대치하고 있는 사이에 적의 방어진지는 더욱 요새화되고 장애물이 늘어났기 때문이다. 사단은 전열을 가다듬고 공격 준비를 위해 정찰과 수색을 강화했다. 이때 전 중대가 처음으로 투입돼 전초진지를 점령하고 수색전을 전개하기로 결정했다.

9월 10일 전선에는 아침부터 짙은 안개가 몰려오더니 가랑비까지 내리기 시작했다. 1중대 2개 소대 병력이 삼현(750m) 북쪽의 602고지로 수색을 나섰다가 200여 명의 적군이 포위해 오자 아군의 포사격 지원을 요청했다. 2시간에 걸친 총격전에서 적군 50명을 사살했다. 에티오피아 중대에서는 3명이 사망하고 8명이 부상당했다.

9월 11일 밤 3중대 1소대가 700고지 부근에서 잠복하고 있는데 빗방울이 떨어지기 시작했다. 소대는 그날 밤 오후 8시 30분 기습해 온 적과 치열한 총격전을 벌였는데, 적의 화력이 더 우세했다. 소대장이 분대 규모의 병력을 이끌고 우회해 수류탄을 투척하는 것으로 적진을 잠재울 수 있었다.

9월 12일 오전 6시 30분 칵뉴 부대 1중대 3소대장 이읍 소위는 지난밤 3중대 1소대원들이 전투를 벌였던 700고지 인근으로 수색을 나섰다. '악마의 고지'로 불렸던 지점을 점령하는 순간 중공군들이 다시 사격을 해 왔다. 소대장은 중대에 화력 지원을 요청했다. 그러나 아군의 포격을 받고 퇴각하는 듯했던 적이 다시 밀려오면서 이읍 소위는 중상을 입었다. 북쪽에서 적이 계속 밀려오자 기관총 사수 마루 일병은 혼자서 인근의 높은 지대로 달려가 총탄을 퍼붓기 시작했다. 적은 순간적으로 혼란에 빠졌으나 다시 전열을 정비해 아군의 퇴로를 공격하기 시작했다. 시시각각 포위망이 좁혀 오는 순간 2소대가 도착해 적을 물리치고 철수하기 시작했다. 그러나 마루 일병은 소대가 안전하게 철수하도록 진지에 남아 기관총으로 적을 제압하다 장렬하게 전사했다. 마루 일병의 희생으로 소대원들은 모두 안전하게 철수할 수 있었다. 마루 일병은 '한 사람은 전체를, 전체는 한 사람을 위해서'라는 정신의 본보기였다.

당시 소대장으로 전투 현장에 있었던 게타쵸(80) 씨는 2009년 5월 옛 전투 현장을 다시 찾았다.

"너무 많이 변했어요. 그 당시는 포격으로 아무 것도 없었어요. 나무도 없었는데 지금은 몰라볼 정도로 회복됐네요."

마루 일병이 기관총을 놓지 않고 응사했던 전투 지역은 오늘날 나무가 울창한 비무장지대가 됐다. 세월은 지났지만 노병에게 그날 벌어졌던 전투는 생생하게 머릿속에 남아 있었다.

"저기서 부하 하나를 잃었지요. 그의 이름은 레마 마루 일병이었어요."

게타쵸 씨를 처음 만난 것은 6년 전 아디스아바바 첫 방문 때였다. 참전용사 협회 부회장이었던 그는 한국 전쟁 당시의 지도 앞에서 우리 일행을 맞았다.

"정면 왼쪽에서 중공군들이 계속 몰려오기 시작했습니다. 적들은 우리의 퇴로까지 위협하며 포위할 기세였습니다. 그때 마루 일병이 소대원들의 퇴로를 확보하기 위해 고지로 올라가 기관총을 끝까지 놓지 않았어요."

부하의 목숨을 빼앗아갔던 고지에는 조팝나무 꽃이 지고 녹음이 짙어

반세기가 지나 전투 현장을 찾은 게타쵸 씨
2009년 5월 28일 한국 전쟁 당시의 전투 현장을 찾은 게타쵸 씨가 당시의 기억을 떠올리고 있다.

적근산으로 가는 길목
1951년 8월 칵뉴 부대가 전투에 투입됐던 길목에 매년 조팝나무가 꽃을 피우고 있다.

가기 시작했다. 게타쵸 씨가 휴전선을 따라 전장을 둘러보는 사이 뻐꾸기가 울기 시작했다.

이곳은 최근까지도 남북한 적대 행위의 상징물이었던 대형 입간판이 적의 대남 방송 스피커와 대치하고 있던 냉전 현장이었다.

"부하를 잃어 안타깝지만 후회하지는 않아요. 대신 우리는 더 값진 자유를 얻었습니다. 자유가 없는 삶은 살아 있어도 사는 것이 아닙니다. 우리는 이런 도움이 필요한 곳이라면 어디라도 달려갔을 것입니다."

게타쵸 씨의 기억은 아직도 또렷했다. 그리스의 종군기자 키먼 스코르딜스$^{Kimon\ Skordiles}$가 쓴 그들의 한국 전쟁 참전기 '칵뉴 부대'를 내밀자 부하의 이름을 바로 찾아냈다.

"아, 기억납니다. 이 책은 그리스 친구가 쓴 게 맞아요. 부하의 이름이 레마 모라$^{Lema\ Morra}$라고 적혀 있는데, 레마 마루$^{Lema\ Maru}$가 맞아요."

어찌된 영문인지 스코르딜스의 책이나 한국 국방부의 전사자에는 모

먼 나라 한국 땅의 혹독한 추위와 전쟁 **051**

격전지에 남아 있는 전쟁의 흔적
칵뉴 부대가 1951년 초겨울 전투를 벌였던 양구군 수입천 북방에서는 오늘날에도 날카로운 포탄 파편이 발견된다.

두 모라 일병으로 돼 있었다. 이런 기록의 오류는 참전용사들이 생존해 있을 때나 확인이 가능한 것이다.

대대는 10월 21일 양구군 동면 지석리로 이동했다가 프랑스 군대가 맡고 있었던 사태리 지역의 진지를 인수했다. 이 지역은 미군 2사단이 9월 13일부터 한 달간 격전을 거듭한 끝에 지켜낸 '단장의 능선'이었다. 칵뉴 대대가 방어 임무를 맡은 851고지는 단장의 능선 가운데 적과 대치하는 최전선이었다.

10월 28일부터 수색 및 정찰 활동을 벌이는 과정에서 총격전이 벌어졌다. 11월에 들어서도 대대의 활동은 정찰과 진지 강화가 주요 임무였다.

칵뉴 부대에게 중공군만큼 힘겨웠던 상대는 겨울 날씨였다. 대대는 단장의 능선에서 서쪽으로 4km 떨어진 수입천 문등리 계곡으로 잠시 작전 지역을 옮겼다가 성탄절 이브인 12월 24일 다시 사태리로 돌아왔다. 겨울이 깊어가면서 야전 활동은 제약을 받았으나 정찰과 잠복 과정에서 충돌은 피할 수 없었다.

아프리카에서 살아온 칵뉴 부대원에게 한국의 겨울 추위는 살을 에는 듯 혹독했다. 기온은 영하 30도 아래까지 떨어졌다. 방한모와 방한복을 껴입어도 추위는 아프리카 청년들의 옷 속으로 파고들었다. 아프리카에서 이런 추위를 경험하지 못했던 칵뉴 부대는 여느 유엔군보다 더 힘들게 추위와 싸워야 했다. 손이 얼어 방아쇠를 당기는 것조차 힘겨웠다.

추위뿐만 아니라 눈 위에서 전투를 벌이는 환경도 낯설었다. 이들은 하얀 눈이 익숙하지 않았다. 처음 보는 눈 속에서 걷는 일도 힘들었다. 털모자와 목도리로 머리와 목을 칭칭 둘러맨 칵뉴 부대원들은 눈과의 전쟁을 벌이며 수색 및 정찰 활동을 전개해야 했다.

안타깝게도 눈 속에서 지휘관을 잃은 것도 이때였다. 전선이 폭설로 뒤덮였던 12월 25일 밤 데레니 소위가 이끄는 수색대는 눈밭을 이동하고 있었다. 적진에서는 휴전 협정을 찬성하는 선전 방송이 흘러나왔다. 그런데 밤 11시 10분쯤 눈 속에서 갑자기 총탄이 쏟아지기 시작됐다. 중공군이 눈 속에 잠복해 있으리라고는 꿈에도 생각하지 못했다. 중공군은 눈처럼 하얀 옷으로 위장하고 있었다. 기습 사격에 데레니 소위는 적의 총탄을 맞고 전사했다. 칵뉴 부대 장교로서는 첫 번째 전사자였다. 아군의 야포가 지원 사격에 나서면서 적은 달아났지만, 소대원들은 지휘관을 잃은 슬픔을 안고 눈 쌓인 밤길을 돌아와야 했다. 한 부대원들은 훗날 "우리는 적뿐만 아니라 자연과도 전투를 벌여야 했어요."라고 회고했다.

칵뉴 부대는 1952년 1월 6일 가칠봉 서남쪽에 위치한 1169고지를 인수했다. 1169고지는 해발 800~1,000m의 준령들이 해안 분지를 둘러싸고 있는 이 지역에서 중요한 요새였다. 이 때 해안 분지는 펀치볼$^{Punch\ Bowl}$이라는 별명을 얻게 되었다. 참전한 미군들의 눈에 해안 분지는 잿빛 가득한 화채그릇, 즉 펀치볼로 보였던 모양이다.

1169고지에서 괄목할 만한 전투는 1월 12일 아침에 벌어졌다. 소대 규모의 정찰대는 중대 진지를 출발해 1km가량 떨어진 지점까지 전진했다가 적의 총탄 세례를 받아야 했다. 적들은 눈 밑에 만든 진지를 중심으로 그 주변에 잠복하고 있었다. 소대는 후퇴보다는 적의 사각지대로 이동해 아군 포병의 지원 사격을 받는 것이 낫다고 판단했다. 소대원들은 적의 화망을 뚫고 적진으로 뛰어 올라가 수류탄을 투척해 벙커를 파괴하고 포격을 요청했다.

2월에 들어서도 소대 규모의 수색전은 계속 이어졌다. 칵뉴 부대는 해안면 만대리에 본부를 설치했다.

2월 23일 아침, 칵뉴 부대는 미군 35연대 1대대에 1169고지를 인계한 뒤 소법리로 원대로 복귀했다. 10개월 동안 73회의 전투를 벌이면서 적

300명을 사살하고 포로 33명과 다수의 무기를 노획했다. 이 기간 대대원은 47명이 전사했다.

각뉴 부대는 3월 27일 소법리 숙영지에서 환송식과 함께 열차 편으로 가평을 출발해 부산으로 이동했다. 28일 부산항을 떠나 일본 사세보 해군기지 내 유엔군 수용소에서 하룻밤을 보낸 다음 30일 미군 수송선을 타고 귀향길에 올랐다. 이들은 지부티 항구에서 다시 열차를 타고 디레다와를 거쳐 4월 30일 수도 아디스아바바 역에 내렸다. 아디스아바바 역에는 정부 고위 관료와 시민들이 나와 환영했다. 각뉴 부대원들은 황제와 황후를 알현하고 귀국 신고를 했다.

포성이 끊이지 않은 철의 삼각지대

1,094명으로 편성된 제2 카뉴 부대는 1952년 3월 9일 지부티 항구에서 미군 수송선을 타고 한반도를 향해 떠났다. 21일간의 여정 끝에 같은 달 29일 부산에 도착했다. 제1 카뉴 부대와 마찬가지로 동래 유엔군 수용소로 이동해 4월 12일까지 미군의 장비와 전투복을 지급받고 사격술을 익혔다. 그리고 6월 3일 전략적 요충지로 알려진 철의 삼각지대의 하나인 철원 미륵동의 진지를 인수했다. 제2 카뉴 부대는 미륵동의 무명고지와 하가산 마을 일대 2km를 점령한 뒤 평강 - 철원을 연결하는 3번 도로를 경계했다. 대치 국면을 맞아 전면전보다는 전진 거점을 탈취하는 국지전이 주로 펼쳐졌다. 휴전 협정이 체결될 경우 현재 대치하고 있는 지점을 중심으로 군사 분계선이 그어질 것이 뻔해 고지를 하나라도 더 빼앗아야 했다.

이때 대대의 정면에는 중공군 제15군 44사단이 서방산 - 왕재산 - 발리봉에 주저항선을 두고 그 앞 산악산 - 학당리 391고지에 전초 거점을 점령하고 있었다. 아군도 포로를 잡기 위한 작전이나 적의 진지를 파괴하는 작전을 벌이는 것이 일상이었다.

1952년 6월 21일 아침 한국인 노무자 한 명이 고립된 전쟁터에서 박격포탄을 맞고 쓰러지는 일이 벌어졌다. 당시 한국인 통신 가설반은 카뉴 부대 1중대 진지에서 적의 포격으로 끊어진 전선을 복구하고 있었다.

황금물결을 이룬 최전선
에티오피아 칵뉴 부대는 1952년 여름 철의 삼각지대의 하나인 철원에서 전투를 벌였다. 노랗게 벼가 익어가는 지역이 남측이며, 그 너머가 비무장지대와 북한 지역이다.

작업은 단순했지만 적의 사정거리에 노출돼 있어 위험했다. 그때 아군의 동태를 관측하던 적진에서 박격포를 쏘기 시작했다. 한국인 노무자 한 명이 미처 피하지 못해 중상을 입고 쓰러졌다. 적은 이 한국인의 목숨을 끊어 버리겠다는 기세로 박격포탄을 계속 쏟아 부었다. 지옥 같은 상황에서 도움을 요청하는 한국인의 신음 소리가 들려왔다. 멜레세 베르하누 일병은 비록 한국말을 이해할 수 없었지만 구조해야 한다는 마음이 들었다. 그는 자신의 주변으로 박격포탄이 떨어지는 와중에서도 한국인을 구하기 위해 뛰어들었다. 그가 쓰러진 한국인을 두 팔로 들어 올리는 순간 포탄이 터졌다. 두 사람은 서로 끌어안은 상태로 쓰러져 숨진 채 발견됐다. 이 사건을 계기로 한국과 에티오피아는 피를 나눈 관계가 됐다.

칵뉴 부대원들은 철의 삼각지대 전투에서 야간 전투를 승리로 이끌 수 있는 비법을 익히게 됐다. 원래 에티오피아 군인들은 밤눈이 밝아 달이 없는 야간에도 물체를 식별할 수 있는 능력이 뛰어났다. 그리고 이들의 효과적인 무기는 수류탄이었다. 야간 전투에서 적들은 아군의 기관총에서 뿜어져 나오는 불빛을 알아차리고 반격해 왔다. 하지만 수류탄은 폭발하기 전까지는 불꽃도 없고, 소리도 들리지 않았기 때문에 야간 전투에는 기관총보다 수류탄이 더 효과적인 공격 무기였다.

각뉴 부대는 전쟁 당시 포로가 한 명도 없었던 것으로 유명했다. 10월 20일 각뉴 부대원 한 명이 순찰 중 기습 공격을 받고 적이 설치한 철조망에 갇히는 사건이 벌어졌다. 하지만 동료들은 전투 중이어서 이를 미처 알아차리지 못했다. 철조망에 갇힌 그는 포박하려는 중공군에 맞서 안간힘을 쓰고 있었다. 대원들이 이를 뒤늦게 발견하고 중공군을 사살한 뒤 그를 구해냈다. 만약 그가 중공군에 잡혀갔더라면 각뉴 부대에서 나온 첫 전쟁 포로가 됐을 것이다. 하지만 각뉴 부대는 막강한 중공군과 전투를 벌이는 과정에서도 한 명도 포로로 잡히지 않았다. 이는 평소 전우애가 투철하고 용맹했기 때문에 가능했다.

각뉴 부대는 전쟁터에서 숨진 전우들의 시신도 모두 수습했다. 7월 24일 밤 1중대 3소대는 적의 진지를 파괴하고 포로를 잡아오기 위해 수색에

비무장지대가 된 격전지
에티오피아 각뉴 대대가 1952년 10월 중공군과 맞서 지켜냈던 능선은 오늘날 비무장지대이다. 이곳은 조선시대 병자호란 당시 청나라 군대의 공격을 받아 의병들이 몰살당했던 곳이기도 하다.

먼 나라 한국 땅의 혹독한 추위와 전쟁

나섰다. 적의 고지에 근접하는 순간 신호탄이 발사되더니 총탄이 비 오듯이 쏟아졌다. 기습을 하려다 오히려 공격을 당한 소대장과 선임 하사관이 그 자리에서 전사했다. 소대원들은 적의 포격으로 시신을 옮기기 힘들어지자 적당한 곳에 시신을 안치하고 철수했다.

다음 날 동이 틀 무렵 수색대원 26명과 미군 9명으로 편성된 지뢰 탐지반은 미군 전차 4대를 앞세우고 시신 수습에 나섰다. 대원들은 전사자를 적의 수중에 남겨 두는 것은 불경스러운 일이라고 여겼기 때문이었다. 아군의 포가 적진을 강타하는 사이 전사자의 시신 4구를 싣고 적진에서 철수했다. 철수하는 에티오피아 군인들 주변으로 적의 포탄이 무차별적으로 떨어졌다.

칵뉴 부대의 다음 전투 지역은 철의 삼각지대의 하나인 김화 지역이었다. 적이 점령하고 있는 해발 1,062m의 오성산에서는 남쪽의 철원 일대가 한눈에 들어왔다. 북한의 김일성이 국군의 군번줄을 한 트럭으로 싣고 오더라도 바꾸지 않겠다고 큰 소리를 쳤던 요충지가 바로 오성산이었다. 오성산을 공격을 하는 것은 땅에서 옥상에 있는 적을 향해 총을 쏘며 덤비는 것처럼 힘든 전투였다. 적에게는 모든 것이 유리했지만 아군에는 불리한 지역이었다. 오성산 우측은 미군들에게 악명 높았던 저격능선이었다. 허허벌판에서 공격하던 미군들은 산 위의 중공군들에 의해 속수무책으로 쓰러졌다. 전투에 투입됐던 포탄과 탄피는 정전 협정 이후 비무장지대를 담당하는 한국군들이 고철로 내다 팔 정도로 잔뜩 쌓였다고 한다.

당시 적은 오성산을 본거지로 두고 저격능선-상감령-598고지〈삼각고지〉를 점거하고 있었다. 미군과 에티오피아 부대는 삼각고지를 점령해 적의 숨통을 조일 작전을 세웠다. 미군은 10월 14일 새벽 6시 공격을 개시했으나 적의 강력한 저항에 부딪쳐 허점조차 찾지 못했다. 적의 진지는 철벽이나 다름없었다. 미군은 5일간의 전투 끝에 간신히 삼각고지를 차지했으나 나머지는 다시 적의 수중에 넘겨주게 되었다.

격전이 벌어졌던 김화 지구
칵뉴 부대는 1952년 9월 김화 지구로 이동해 전투를 벌였다. 황금물결이 끝나는 지역이 김화 지역이며, 그 앞에 적의 아성인 오성산이 버티고 있다.

　이 시기에 칵뉴 부대가 투입됐다. 부대는 성제산과 계웅산 사이에 주저항선을 편성했다. 성제산은 조선 시대 청나라 군대를 막아내려다 몰살당했던 의병들의 무덤 전골총이 있는 곳이었다. 그런데 20세기에 아프리카 군대가 중공군과 전투를 벌인다니 아이러니한 순간이었다.

　10월 23일 오후 7시 중공군은 땅거미가 내리기 시작하자 야포와 박격포를 동원해 공격해 왔다. 적은 대대의 기관총 공격에 잠시 주춤거렸지만 계속 병력을 증강시켜 밀려들었다. 적의 숫자는 압도적이었다. 일진일퇴의 공방전이 벌어지는 사이 미군의 포격까지 가세하자 중공군들은 마침내 흩어져 퇴각하기 시작했다. 칵뉴 부대원들은 자신의 위치에서 마지막 순간까지 전투를 계속해 적을 물리칠 수 있었다.

　10월 25일 부대는 삼각고지 서쪽인 유곡리 방면으로 이동했다. 그리고 11월 9일 게브레 사딕 상사가 이끄는 30명의 수색대는 김화읍 백덕리 북방 1km 지점에 위치한 400고지를 기습 공격했다. 적과의 백병전에서 게브레 상사는 적의 수류탄 파편을 맞아 팔과 다리에 중상을 입었음에도 불구하고 수류탄으로 적 5명을 살상하는 투혼을 발휘했다. 적이 도주하

철조망 너머의 김화읍 유곡리
에티오피아 대대가 1952년 9월 전투를 벌였던 김화읍 유곡리 비무장지대는 오늘날 금단의 땅이다.

기 시작하자 400고지로 올라가 적의 진지 8개소를 파괴하고 철수하려던 찰나에 그만 역습을 받게 됐다. 게브레 상사는 대원들에게 자신을 남겨두고 철수하라고 명령을 내렸다. 그러나 부대원들은 적과 맞서 싸우면서 그를 부축해 진지로 무사히 철수했다.

각뉴 부대는 오늘날에도 전국에서 가장 추운 곳인 최전선을 맡고 있었다. 1952년 겨울에도 기온은 영하 30도 이하로 떨어졌다. 전투는 동장군의 기세에 눌려 소강상태를 보였다. 전투보다 손과 발이 어는 것을 막는 것이 더 시급했다.

각뉴 부대는 미 8군 작전 명령에 따라 중서부 전선인 경기도 연천군 북방 역곡천 연안에서 12월 30일 태국 대대와 임무를 교대했다. 이곳은 적과 불과 1km 밖에 떨어지지 않은 지점이어서 팽팽한 긴장감이 감돌고 있었다. 각뉴 부대는 1953년 1월 4일 밤 11시 40분 180고지 근처에서 소규모의 적 수색대와 교전을 벌였다. 이어 1월 11일 밤에는 소규모의 적이 기습을 시도해 15분간 교전 끝에 격퇴시켰다. 그리고 전방에 있는 180고지를 기습해 두 명의 포로를 붙잡은 뒤 철수했다. 하지만 12일 오전 3시 적은 마치 복수라도 하듯이 1중대 앞 172고지를 향해 박격포를 쏘면서 공격해 왔다. 중대는 4명이 전사하고 1명이 부상을 입었다.

1월 25일 미군은 전방의 T자 형태의 고지를 공격하기 시작했다. 폭격기가 먼저 맹폭을 가했다. 캬뉴 부대 대대장인 아스포 안다르구에 Asfaw Andargue 중령은 T자형 고지 주변으로 적의 병력이 집중되고 있다고 보고 허를 찌르는 기습 공격을 감행했다. 적은 견고하게 구축된 진지에서 기관총을 쏘고 수류탄을 던지며 저항했다. 이 전투에서 2중대는 3명이 전사하고 25명이 부상당했다.

캬뉴 부대의 부대원들이 포진하고 있는 전방에는 넓은 개활지가 펼쳐져 있었다. 개활지에는 실개천들이 숨어 있었고, 그 북쪽에는 악어의 턱처럼 생긴 악어Alligator고지와 T자 능선 남단의 이리Eerie고지, 그리고 서북쪽의 아스널Arsenal고지가 자리 잡고 있었다.

그해 3월 소련의 스탈린이 사망하고 판문점 휴전 회담이 급진전되기 시작했다. 적은 휴전 회담이 체결될 경우 유리한 군사 분계선을 획정하기 위해 아군 전초 지역을 자주 공격해 왔다.

4월 5일 밤, 캬뉴 부대는 분대 규모의 잠복조를 악어고지 아래와 인근 지점에 파견했다. 잠복조가 밤 11시 소대 규모의 적과 교전을 벌이는 사이에 2개 분대 규모의 적이 급습해 와 10여 분간 총격전이 벌어졌다. 분대는 2개 소대의 병력을 지원받아 격퇴시켰다. 적은 잠복조를 포로로 잡기 위해 기습 공격을 감행한 것으로 보였다.

4월 16일 밤 11시 적은 야포와 박격 포탄을 퍼부으며 이리고지와 아스널고지를 집중 공략했다. 칠흑같이 어두운 밤하늘에 조명탄을 쏘면서 25분에 걸쳐 공방전이 벌어졌다. 이 전투에서 적 20명을 사살하거나 중

비무장지대에 걸친 무지개
에티오피아 대대가 1952년 여름 전투를 벌였던 김화 지역 산너머에서 무지개가 피어나 하늘과 맞닿아 있다.

상을 입히는 성과를 올렸다.

부대는 4월 25일 경기도 금곡 부근의 미군 7사단 사령부 연병장에서 손원일 국방장관이 참석한 가운데 교대 병력과 함께 환송식을 갖고 한국을 떠났다.

최전선을 지킨 칵뉴 부대

초승달이 진 중부 전선에서 정찰대원들이 악어의 턱처럼 생긴 고지로 침투하기 시작했다. 1953년 5월 14일 밤 9시 철원 인근의 중대 진지를 출발한 칵뉴 부대 2중대 1소대원들은 어두운 개활지를 지나 평소 적이 정찰 초소나 잠복지로 이용하는 198고지 동쪽 구릉까지 진출했다.

소대장 원게레 코스타 소위는 구릉 위에 10명으로 구성된 공격조를 배치하고 개천 제방 밑에는 지원조 7명을 매복시켰다.

15일 오전 3시 지원조는 20m 거리에 우뚝 서 있는 한 사람의 그림자를 발견하고 전투태세에 들어갔다. 소대장은 더 많은 적이 접근하고 있다는 보고를 받고 수류탄을 투척하라고 명령했다. 그러나 연락병은 적을 포로로 잡으려다 수류탄이 터지는 바람에 위치를 노출시키는 실수를 저질렀다. 이들은 아군의 포격 지원으로 철수했다. 칵뉴 부대는 이 전투에서 2명이 수류탄과 흉탄을 맞고 전사했지만, 적 22명을 사살하고 2명을 포로로 잡았다.

5월 15일 밤 2중대가 21명으로 편성된 잠복대를 요크 힐$^{York\ Hill}$ 전방의 개활지로 파견해 적 25명을 사살했다.

칵뉴 부대의 전방에는 높이가 220m인 두 개의 작은 구릉인 요크^{York}고지와 엉클^{Uncle}고지가 있었다. 두 고지는 짤막한 능선으로 연결되어 있었

중서부 전선의 오늘날 모습
칵뉴 부대가 1953년 전투를 벌인 곳이다.

으며, 칵뉴 부대 1중대 1소대와 2소대가 점령하고 있었다.

5월 19일 밤 11시 3중대의 아스포 제네베 소위는 요크고지 전방에 잠복한 뒤 적의 수색대를 포로로 잡아오기 위해 부하 15명을 이끌고 가랑비가 내리는 와중에 중대 진지를 출발했다. 아스포 소위는 실개천에서 적의 발자국으로 추정되는 흔적을 발견하고 신경을 곤두세웠다. 그때 아스포 소위는 300m 앞에 중공군 한 명이 우뚝 서 있는 것을 목격하고 이를 대대 본부에 보고하려 했으나 무전기가 고장 난 사실을 알게 됐다. 그 사이 적은 100여 명으로 늘어나 먼저 공격을 하기에는 무리였다.

20일 오전 0시 20분 드디어 적이 행동을 개시하는 순간 왼쪽 후방에 또 다른 중대 규모의 적이 요크고지로 접근하고 있었다. 우측에서도 중대 규모의 적이 1중대의 주진지를 향해 움직이고 있었다. 적은 1중대의 주진지와 요크고지, 엉클고지를 노리고 있었다.

아스포 소위는 등 뒤의 둑이 전파를 방해할지도 모른다는 생각에 무전기 위치를 옮겨 시험하기로 했다. 적이 실개천 전방 10m까지 접근하자 기습 사격을 하였는데 중공군들이 땅에 쓰러지는 순간 무전기가 작동하기 시작했다. 그는 적을 포격해 달라고 중대장에게 요청했다. 3분 뒤 아군 포병이 요청한 지역에 포격을 가하기 시작했다. 요크고지 전초 진지에서는 소대장이 전사하는 등 치열한 백병전이 벌어지고 있었다.

아스포 소위의 잠복조와 교전 중인 중대 규모의 적은 점점 더 포위망을 좁혀 왔다. 적이 50m까지 근접했을 때 일제 사격을 가하자 적은 도주하기 시작했다. 잠복조는 계속 그곳에 머무르며 침입해 오는 적을 향해 한 발씩 사격을 했다. 아스포 소위는 적의 병력이 늘어나자 포사격 지원을 요청했으며, 적은 아군의 포격을 받아 순식간에 흩어졌다.

이날 새벽 4시 전선은 다시 고요해졌고 아스포 소위와 대원들은 실개천 주변으로 뛰어나와 승리의 기쁨을 나누었다. 인근에서는 적의 시신 73구가 나뒹굴었다. 요크고지의 비탈면과 주진지 사이에서도 중공군의 시신 37구가 발견됐다. 대대 규모의 적은 퇴각했다. 이날 전투를 승리로 이끌면서 칵뉴 부대는 이해 7월 27일 한국 대통령 부대 표창을 받았다.

5월 28일 밤 1중대 2소대장 마모 소위는 16명을 이끌고 잠복 근무를 하다 200여 명으로 보이는 적들에게 포위되는 위기를 맞았다. 마모 소위는 대대 본부에 화력 지원을 요청했으나 소대원 3명이 사망하고 나머지도 모두 피범벅이 되는 최악의 위기를 맞았다. 설상가상으로 대대 본부와 연락할 수 있는 마모 소위의 무전기도 부서졌다. 소대는 아군의 지원군이 올 때까지 진지를 포기하지 않았다. 마모 소위는 이날의 무공으로 에티오피아의 최고 무공훈장을 받게 된다.

5월 29일 밤 마모 소위와 13명의 잠복조는 빗속에서 요크고지 전방의 개활지를 향해 출발했다. 개활지에 도착하는 순간 개울 둑 아래에 숨어 있던 적으로부터 기습 공격을 받았다. 경상자들이 전사한 시신과 중상자를 호송하는 사이 마모 소위는 기관총을 잡고 응사하다 부상을 입었다. 이틀 연속으로 사투를 벌인 그는 전사자와 부하 모두를 안전지대로 철수시키는 데 성공했다. 이들이 뿌린 피로 요크고지는 적의 수중에 넘어가지 않았다. 마모 소위는 잇단 공적으로 한국과 에티오피아 정부로부터 무공훈장을 받았다.

각뉴 부대는 7월 9일 덕산리-갈화동 부근의 옛 진지로 돌아가 수색 및 정찰 활동을 계속했다. 중공군은 휴전 회담을 앞두고 유리한 고지를 차지하기 위해 끊임없이 공격해 왔지만 각뉴 부대에 번번이 격퇴당했다. 부대가 참전했던 철의 삼각지대는 중부 전선의 요충지였기 때문에 전투가 가장 치열하게 벌어진 곳이었다.

3년째 계속됐던 한국 전쟁의 포성은 마침내 그해 7월 27일 휴전 협정이 체결되면서 멈췄다. 기관총 소리와 포연이 자욱했던 하늘, 그리고 진지의 화약 냄새는 사라졌다. 각뉴 부대는 휴전 협정에 따라 진지에서 2km 후방으로 철수했다. 그들이 싸웠던 지역에는 폭 4km의 완충 지대인 비무장지대^{DMZ}가 탄생했다. 각뉴 부대 1진부터 3진까지 전투를 벌였던 현장은 모두 비무장지대가 됐다. 그곳은 아직까지도 전쟁이 끝나지 않은 지역이 되었다. 각뉴 부대는 한국 전쟁에서 253회에 걸친 전투를 모두 승리로 이끌었으며, 이 과정에서 121명이 숨지고 536명이 부상당했다.

각뉴 부대는 경기도 동두천 캠프 케이시에 사령부를 둔 미군 7사단에 배속돼 유엔군의 일원으로 활동했다. 에티오피아는 이후에도 새로운 부대를 1년마다 교체해 파견했다. 부대원들은 각종 운동으로 체력을 단련하며 전투에 대비했다. 유엔군의 하나로 평화 유지 업무를 맡았던 마지막 부대는 1956년 3월 한국을 떠났다.

한편 한국 전쟁에는 여군 간호장교도 파견됐다. 최전선에서 부상당한 군인들은 낯선 미군 병원으로 후송되었지만 한 발짝도 움직이기 어려운

총탄 자국이 남아 있는 철원 노동당사
철원 옛 북한 노동당사에는 아직도 총탄 자국이 그대로 남아 있다.

역곡천으로 가는 길에 피는 꽃
포탄 자국을 배경으로 꽃이 피어 있다.

경원선 철교
1953년 전투를 벌였던 에티오피아 대대가 역곡천으로 가는 길에 황금물결이 펼쳐지고 있다. 뒤로 보이는 철교가 서울과 원산을 이어주던 경원선의 옛 철교이다.

휴전 협정 체결 모습
1953년 7월 27일 판문점에서 휴전 협정이 체결되면서 전쟁의 포성이 멈췄다. 에티오피아 칵뉴 부대는 협정이 체결되자 전투 지역에서 2km 후방으로 철수했다.

그들에게 의료진과 의사를 소통하는 일은 또 하나의 힘든 싸움이었다. 그래서인지 간호장교들은 훗날 한국 전쟁에서 다쳐 후송된 군인들과 사랑을 나누고 결혼을 해 아디스아바바에서 살고 있다.

제4 칵뉴 부대는 2개의 고아원을 지원했는데 한국 전쟁에서 부모를 잃은 아이들의 모여 있던 동두천의 보화고아원이 대표적이었다. 당시 고아원에는 전쟁에서 부모와 가족을 잃은 고아들이 수십여 명에 이르렀다. 칵뉴 부대원들은 고아원을 자주 찾아 아이들과 시간을 보냈다. 게다가 취사반에서 먹을거리를 모아서 아이들에게 갖다 주기도 했다. 옷과 돈을 보내는 경우도 있었다. 1954년에는 크리스마스 파티를 열었는데 전쟁으로 상처를 받은 고아들에게 큰 위안이 됐다. 백발이 되어 버린 에티오피아 참전용사들은 그 당시의 한국인 고아들이 어떻게 살고 있을까 궁금해 했다.

2010년 4월 참전용사 카싸 기자우 씨는 춘천 에티오피아 한국 전쟁 참전 기념탑을 찾았다. 1953년 이리고지와 요크고지, 아스널고지에서 전투를 벌였던 카싸 씨는 한국에 다시 오는 것이 꿈이었으나 엄청난 비용 때문에 엄두를 내지 못하다 국가보훈처 초청으로 60여 년 만에 처음 방한했다. 그는 참호 안팎에서 찍었던 두 장의 사진을 가슴에 품고 있었는데 누군가를 찾고 싶어 했다. 한국 전쟁 당시 그가 부대에서 키운 전쟁 고아였다. 그들은 고아 소년을 '신타유'라고 부르며 돌봐주었다고 했다. 만약 그 전쟁고아가 살아 있다면 역시 할아버지가 됐을 것이다.

한국 전쟁이 끝난 뒤에도 에티오피아는 유엔 국제 아동 기금 등을 통해 의료약품을 보내는 등 한국의 민간인들을 보살피는 데 기여했다.

1968년 5월 강원도 춘천시 의암 호반에 한국 전쟁 참전 기념탑이 건립되었다. 아름다운 호반에서 열렸던 제막식에는 자신의 근위대를 한국에 파병했던 하일레 셀라시에 1세도 참석했다.

하지만 1974년 에티오피아가 공산화되면서 참전용사들의 재산은 국유화됐으며 직장에서 쫓겨났다. 그들은 한국 전쟁에 참전하기 위해 젊음을 바쳤던 아디스아바바 시내의 옛 훈련장으로 모여들었다. 그곳이 코리언 빌리지^{Korean Village}였다.

백마고지에 울려퍼지는 평화의 선율
에티오피아 칵뉴 부대가 전투를 벌였던 역곡천 북쪽 백마고지에서 평화를 희망하는 공연이 열린 모습이다.

먼 나라 한국 땅의 혹독한 추위와 전쟁

참전 영웅들의
이야기가 되살아나다

에티오피아의 아름다움을 찾아 떠났던 2009년 11월, 아디스아바바의 외곽에서 한 남자를 우연히 마주친 것은 뜻하지 않은 행운이었다. 그는 사라진 화석의 연결 고리를 찾아 나선 고고학자 앞에 새로운 증거물을 들고 서 있는 사람이나 다름없었다.

에티오피아의 전직 언론인 버거쇼(48) 씨는 각뉴 부대의 한국 전쟁 참전 기록을 다룬 책을 자신의 모국어인 암하라 어로 번역했다. 그에게는 단순히 영문 원서를 모국어로 바꾸는 것이 아니라 혼을 불어넣는 작업이었다. 그의 입을 통해 명맥이 끊어질 뻔했던 에티오피아 참전 영웅들의 이야기가 되살아난 것이었다.

한국 전쟁에 참전했던 버거쇼 씨의 아버지는 1954년 일본 도쿄의 라디오프레스 출판사에서 나온 에티오피아 한국 전쟁 참전용사들의 용맹성을 기록한 책 '각뉴 부대'를 가지고 왔다. 그런데 한국 전쟁 참전용사들이 1961년 쿠데타를 일으키는 사건이 발생했다. 해외에서 유학하는 등 당시로서는 혁신적인 지식인 계층이었던 참전용사들은 변화를 원했다. 그러나 쿠데타는 실패로 끝나고 쿠데타에 참여했던 장교들은 모두 체포되어 처형됐다. 경찰은 그들의 집을 수색하면서 '각뉴 부대' 책도 압수해 불태워 버렸다. 그 책은 각뉴 부대 영웅들의 이야기를 담고 있었기 때문이었다. 버거쇼 씨는 쿠데타가 일어난 뒤 9개월 뒤인 1962년에 태어났다. 격변의 역사 현장에서 아버지도 생을 마감했다.

"어느 날 아버지와 칵뉴 부대에 대해 글을 쓰고 싶다는 생각이 들었어요. 그것은 어쩌면 저의 운명으로, 이미 정해져 있었던 것일지도 몰라요."

버거쇼 씨는 칵뉴 부대에 관한 책을 수소문하기 시작했다.

"누구든지 '칵뉴 부대' 원서를 찾아오면 책값의 10배를 주겠다고 친구들에게 말했지요."

하지만 오래전에 사라진 책은 좀처럼 모습을 나타내지 않았다. 그 책이 없으면 칵뉴 부대 영웅들의 이야기를 만날 수가 없었다. 1986년 어느 날 버거쇼 씨는 아디스아바바 시내 기오르기스 거리에서 헌 책방 주인 압둘라마가 그 책을 발견했다는 소식을 들었다.

전직 언론인 버거쇼 씨
한국과 에티오피아를 연결해 주는 다리가 되고 싶어 '칵뉴 부대'를 암하라 어로 번역했다.

"그렇게 찾던 책을 집어든 순간 너무 기쁘고 행복했어요. 그 책에는 칵뉴 부대가 전투를 벌인 장소와 무기 종류, 적과 아군의 작전 형태가 놀라울 정도로 생생하게 기록돼 있었죠."

당시를 떠올리는 버거쇼 씨의 얼굴에는 흐뭇한 미소가 번졌다. 그를 우연히 만났던 집은 수리를 하느라 벽돌을 깨는 소리가 끊이지 않았다. 소음 때문에 버거쇼 씨의 목소리를 알아들을 수 없어 거실 밖으로 자리를 옮겼다.

버거쇼 씨와 마주앉은 테이블 옆에서는 장미꽃이 저녁 햇살을 받아 빛나고 있었다. 잠시 뒤면 지평선 아래로 사라질 태양은 온 힘을 다해 열정을 쏟아내는 듯 따스하고도 강렬했다. 그리고 버거쇼 씨의 눈망울은 저

키먼 스코르딜스 종군기자
칵뉴 부대원의 헌신적인 이야기를 써서 책으로 출간했다.

녁 햇살보다 더 반짝거렸다.

'칵뉴 부대'의 저자는 키먼 스코르딜스였다. 그는 1918년 그리스의 수도 아테네에서 태어나 1935년 신문기자가 됐다. 1943년부터 1954년까지는 그의 조국에서 공산주의와 싸우는 게릴라의 일원이기도 했다. 그는 아테네 방송사와 신문 특파원으로 1951년부터 1954년까지 에티오피아의 칵뉴 부대 등 유엔군의 여러 부대를 방문했다. 그러던 중 스코르딜스 기자는 에티오피아 칵뉴 부대를 지켜보면서 그들의 헌신적인 이야기를 쓰기로 결심했다. 그에게는 세계 평화를 위해 싸우는 아프리카 전사들이 인상적이었기 때문이었다. 스코르딜스 기자는 1954년 12월 에티오피아에서 파견된 한국 전쟁 참전 부대에 관한 유일한 책인 '칵뉴 부대'를 그리스 어와 영어로 발행했다. 스코르딜스 기자는 자신이 책을 낼 당시 에티오피아 암하라 어로 번역 작업이 진행 중이라고 마지막 부분에 소개했다.

번역 작업은 칵뉴 부대 이야기가 전설로 사라지고 있을 무렵 버거쇼라는 사람에 의해 마침내 완성돼 세상의 빛을 보게 되었다.

하지만 번역 작업은 순탄치 않았다. 열정적으로 번역에 매달렸던 버거쇼 씨는 선거를 앞둔 2005년에 쓴 기사로 인해 투옥됐다. 수도 아디스아바바 시내에 하이에나가 출현해 사람들을 해쳤다는 기사가 말썽이 됐다. 민심을 흉흉하게 만들었다는 괘씸죄가 적용된 모양인지 이 사건으로 버거쇼 씨는 2년간 감옥에 갇히게 되었다. 출옥해 돌아와 보니 집안은 풍비박산이 났다. 돌보지 못한 가족들은 힘든 생활을 하고 있었고, 투옥되기 전에 애서 번역했던 '칵뉴 부대' 원고도 어디론가 사라져 버렸다. 버거쇼 씨는 다시 번역 작업에 매달렸다. 하지만 어렵게 번역을 마치고 보니 이번에는 돈이 한 푼도 없었다. 그는 한국대사관을 찾아가 자신의 사정을 하소연하기도 했다. 그러다 우여곡절 끝에 책을 내주겠다는 사람을 만나 2008년 3월 드디어 책이 세상에 나올 수 있었다. 책을 3월에 맞춰 출간한 것은 칵뉴 부대가 한국으로 떠나기 위한 훈련을 시작했던 때가 1951년 3월이었기 때문이었다.

"이 책이 한국과 에티오피아를 연결해 주는 다리가 되기를 희망합니다."

버거쇼 씨는 칵뉴 부대에 대해 잊고 사는 에티오피아와 한국 사이의 연결 고리가 되기를 간절히 바랐다.

"칵뉴 부대원들의 전투가 너무 생생하고 놀라워 영화로도 만들고 싶은데 어떻게 해야 할지 모르겠네요."

버거쇼 씨는 자신의 꿈을 털어놨다. 그는 한국 및 에티오피아와 관련된 사람들에게 자신의 꿈을 늘 말했다. 모두들 기꺼이 도와주겠다고 철석같이 약속한 뒤 연락이 없었다고 했다.

60년 전 한반도에서 벌어졌던 한국 전쟁에 대한 이야기는 한국인이 아니라 그리스 기자와 에티오피아의 전직 언론인이 필생의 작업으로 이어 간 셈이었다. 한국인의 기억 속에서도 점점 사라져 가고 있는 한국 전쟁이 그들에게는 평생의 작업이 됐다. 버거쇼 씨가 번역 작업을 하면서 확인한 바로는 현재 생존해 있는 한국 전쟁 참전용사는 400여 명에 불과했다. 모두 고령이라 몇 년 지나면 세상을 뜰 분들이었다.

"미안해요. 아직도 한국에서는 에티오피아에 대해 잘 몰라요. 지독하게 가난한 나라로 알고 있지요. 그런데 알고 보니 이 나라에서 인류 최초로 커피가 나왔더군요. 게다가 인류도 에티오피아에서 시작됐잖아요. 하지만 안타깝게도 한국인들에게 에티오피아는 아주 먼 나라예요."

"하하하, 아직도 에티오피아에 오는 한국인들은 파리가 득실거리는 어린이 사진이나 찍으러 찾아다니잖아요."

한국에서 받은 상처를 달래 가며 새로운 삶을 꿈꾸고 있는 분이 옆에서 거들었다.

"예, 아마 그럴 거예요."

버거쇼 씨가 넉살좋게 받아넘겼지만 그의 미소에 쓸쓸함이 묻어나는 것 같아 미안했다.

"제가 여기에 다시 온 이유는 에티오피아의 아름다움을 찾고 싶었어요. 참전용사의 이야기뿐만 아니라 역사와 문화, 아름다운 사람들을 만나서 한국인들에게 제대로 된 에티오피아의 모습을 알려 주는 책을 쓰고 싶어요. 그리고 그 책이 에티오피아와 한국을 연결하는 다리가 됐으면 좋겠어요."

나도 모르게 입에서 튀어나온 말에 버거쇼 씨의 표정이 다시 밝아졌다. 문득 다른 한국인처럼 나도 지키지 못할 약속을 한 것은 아닌가 하는 걱정이 들었다. 버거쇼 씨는 한국을 방문한 적이 없다며 궁금한 것을 물어왔다.

"칵뉴 부대 영웅들이 싸웠던 전쟁터에는 아직도 지뢰가 묻혀 있나요?"

칵뉴 부대는 한국 전쟁 당시 진지 주변에 지뢰를 매설하는 훈련을 받고 참전했다.

"그럼요. 비무장지대는 세계에서 가장 많은 지뢰가 묻혀 있는 죽음의 땅으로 변했어요. 하지만 치열한 전투가 벌어졌던 곳은 모두 울창한 숲에 묻혀 참전용사들도 알아보기 힘들다고 해요."

스코르딜스 기자가 쓴 '칵뉴 부대'의 마지막 부분에는 이렇게 적혀 있었다.

한국 전쟁은 끝나지 않았다. 단지 적대적인 행위만 멈췄을 뿐이다. 아무도 내일 무슨 일이 벌어질지 모른다. 어쩌면 전쟁이 다시 재발할 수도 있다. 전쟁이 만약 계속된다면 칵뉴 전사들은 평화의 수호자로서 평화가 돌아올 때까지 그들의 임무를 완수할 것이다. 그때 칵뉴 부대원들은 인류를 향한 고매한 임무를 완성했다는 자긍심을 안고 조국으로 돌아갈 수 있을 것이다.

그가 한국 전쟁에 관한 이야기를 쓴지 반세기가 지났지만 한반도의 상황은 조금도 변한 것이 없었다. 하지만 오늘날 우리가 당연하게 누리는 자유와 평화는 머나먼 아프리카에서 와서 자유와 평화를 위해 죽음도 두려워하지 않은 칵뉴 부대원들의 목숨의 대가라는 것을 기억해야 할 것이다.

3부 | 희망의 싹을 틔우는 커피

세계적으로 유명한 에티오피아의 커피 생산지 이르가체페로 가는 길은 천상과 지상의 반복이었다. 커피의 본고장을 찾아가는 여정은 밤잠을 설치게 할 정도로 가슴을 설레게 만들었다. 혀끝으로 다가오는 이르가체페 커피의 부드러움은 출발하기 전부터 기대감을 갖게 했다.

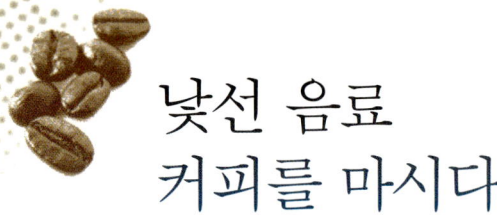

낯선 음료
커피를 마시다

커피의 첫 느낌은 목구멍이 타들어 가는 뜨거움이었다. 숭늉처럼 한꺼번에 들이마신 바람에 커피의 뜨거운 맛을 톡톡히 보았던 기억은 지금도 생생하게 남아 있다. 사실 그전까지 시골에서 커피를 구경한 적은 한 번도 없었다. 커피를 처음 맛본 것은 초등학교 4학년 때였다. 마실 때도 커피라는 것을 몰랐다.

"자매 부대에 위문을 가야지?"

한국 전쟁이 끝난 뒤 군인들이 공동묘지를 불도저로 밀어낸 뒤 세운 시골 초등학교에서 친구들과 청소를 하던 중이었다. 그날은 수업을 마치고 총기름으로 교실 바닥을 닦고 있었다. 총기름은 군인들이 총을 쏘고 난 뒤 먼지를 제거할 때 사용하는 것이었다. 평상시는 집에서 가져온 콩기름과 들기름으로 나무 바닥이 반짝거릴 때까지 닦았지만, 선생님이 얻어온 총기름 덕분에 집에서 기름을 가져오지 않아도 됐다.

교정 밖에 군용 지프차 한 대가 서 있었다. 가난한 중동부 전선의 초등학교에서 준비한 것은 귤 한 상자와 사과 한 상자가 전부였다. 과일 상자를 싣고 교문을 빠져나간 지프차는 소나무 가로수 길을 달렸다. 전쟁이 끝난 뒤 수복 지역에 주둔하게 된 국군이 어린아이 크기의 소나무를 심었던 것인데 쑥쑥 자라 하늘을 가리고 있었다.

최전방 군부대로 향하는 소나무 숲길
처음으로 커피를 맛본 최전방 군부대는 소나무 숲길이 끝나는 산속에 있었다. 이 소나무들은 한국 전쟁 직후 수복 지역에 군인들이 심은 것이다.

지프차가 도착한 군부대는 낯선 곳이 아니었다. 농사일을 거들기 위해 지나다니던 도로변에 있었다. 개울가에 앉아 손을 씻고 있으면 대포를 매단 군인 트럭들이 흙먼지를 일으키며 지나갔다. 부대 끝자락에는 일제 강점기 아버지가 태어난 마을이 있었다. 부대에 들어가 본 것은 그때가 처음이었다.

"저 부대 자리는 원래 상여를 넣어 두는 곳이었단다. 그때는 무서워 지나갈 때 쳐다보지도 못했었지."

아버지가 전쟁에 참전한 뒤 돌아오니 그곳에는 포부대가 들어섰다.

안내를 받아 들어간 사무실에서 중령 계급장을 단 부대장은 당번병에게 마실 것을 가져오라고 했다. 얼굴 표정이 경직된 젊은 군인 아저씨가 조심스럽게 내려놓은 것은 검은 빛깔이 도는 음료였다. 마치 탕약 같았다. 부대장은 설탕과 밀가루처럼 보이는 하얀 가루를 넣고 저었다.

"저희 부대를 방문하신 걸 환영합니다. 드세요."

눈치를 보니 부대장과 담임 선생님이 잔을 들고 있었다. 마시는 것이 분명했다. 처음 마시는 티를 내기 싫어 쭉 들이켰다. 세상에 이렇게 뜨거운 음료가 있다니! 입천장과 목구멍으로 흘러들어가는 물질은 마치 용

희망의 싹을 틔우는 커피

암처럼 뜨겁게 느껴졌다. 나의 목구멍은 타는 듯한데 부대장은 전교생이 몇 명이나 되느냐는 것과 같은 중요하지 않은 이야기를 선생님과 나누고 있었다.

'도대체 이 음료가 뭔지 먼저 가르쳐 줘야 하잖아요!'

처음에는 입가에 쓴맛이 돌았다. 그런데 쓴맛 말고도 다른 맛이 느껴지는 것 같았다. 그리고 잔에서 피어오르는 향기는 특별했다. 그 향기는 콩깍지를 모아 태울 때의 냄새와 비슷했지만 또 달랐다. 그동안 한 번도 맛보지 못했던 음료였다. 지프차를 타고 다시 학교로 돌아오는 길에 나는 알게 됐다. 그것이 커피였다는 것을.

쓰지만 오묘한 맛이 나는 커피
커피의 맛은 쓰면서도 오묘하다. 오늘날 우리나라에서도 커피는 일반화된 음료이다.

소나무 가로수에서는 송진 냄새가 찬바람에 실려 지프차 안으로 확 밀려들었다. 지금도 커피를 마실 때면 향긋한 송진 냄새가 먼저 떠오른다. 그리고 소나무 가로수 길을 따라 흐르던 바람소리가 귓가에 맴돈다.

지난 겨울 다시 찾았던 소나무 가로수 길에는 눈발이 휘날리고 있었다. 내가 처음으로 커피를 맛보았을 때와 비슷한 나이의 맏딸은 눈을 사탕처럼 받아먹고 있었다. 그때 문득 가슴 속에 스치는 생각이 있었다. 나는 목구멍 사이로 뜨겁게 흘러내리던 커피처럼 치열하게 살아가고 있는 것일까? 대체 커피는 어떻게 이 비무장지대까지 들어오게 된 것일까?

이곳의 대포는 한국 전쟁 당시 에티오피아 참전용사들이 치열한 전투를 벌였던 가칠봉 일대를 정조준하고 있었다.

휴전선을 지키는 커피

　철원군 중부 전선의 한 최전방 GOP. 겨울이면 가장 추운 곳에서 밤새 경계 근무를 서야 하는 사람이 바로 비무장지대의 초병이다.
　해가 서쪽으로 꼬리를 감추기 시작하자 초병들의 진짜 하루 일과가 시작됐다. 소대장은 여느 때처럼 종으로 쓰이는 쇠뭉치를 망치로 두드렸다. 날카로운 소리가 여울처럼 골짜기로 퍼져나갔다. 소리가 맞은편 산자락에 부딪쳐 돌아올 무렵이면 병사들은 총을 들고 내무반을 빠져나오기 시작했다.
　점호는 평상시와 똑같이 반복됐다. 초소별로 투입될 초병들의 이름을 부를 때마다 입가에서는 하얀 김이 피어올랐다. 한 해가 저물어 가는 연말이면 추위는 어김없이 막사 주변을 어슬렁거렸다. 추위는 또 다른 적이나 다름없다. 적은 움직임이 있지만 추위는 보이지 않는 칼날처럼 항상 주변에 도사리고 있었다. 추위만 없다면 최전방에서 겨울 근무도 제법 할 만했다.
　인원 점검이 끝나자 초병들에게 실탄이 지급됐다. 무기고에서 잠시 쉬고 있던 실탄이 다시 병사들의 손에 들어갔다. 탄창과 용수철 사이에 팽팽하게 들어간 탄창은 소총에 장착되자마자 바로 튀어나갈 태세였다. 수류탄까지 지급받자 전원 초소에 투입될 준비가 마무리됐다.

"하루가 저물어 가는 이 시간 저희들은 다시 전선에 섰습니다. 저희 때문에 부모와 형제들이 편하게 잠을 잘 수 있다는 자긍심을 되새기며 철책선 근무에 들어갑니다. 언제 침투할지도 모르는 적을 두려움 없이 맞설 수 있는 용기를 주십시오."

초병들의 저녁 기도는 종교적이기 보다 명상에 가깝다. 고향과 친구가 있는 남쪽으로 향해 고개를 숙이고 잠시 눈을 감으면 마음이 차분해졌다.

소대 옆으로 난 오솔길을 따라 올라가면 경계 초소가 세워져 있는 철책선이다. 초소로 가는 길 옆으로는 지뢰 표지판이 바람에 떡갈나무 잎과 함께 흔들리고 있었다. 눈이 쌓여 있는 지뢰 표지판 주변으로는 경고문이 붙어 있었다. '적이 침투했던 곳'이라는 글씨 아래에는 침투 날짜와 인원이 적혀 있었다. 그것은 오늘 밤에도 적이 침투할 수 있다는 경고와도 같았다.

초소 앞으로는 어둠이 깔린 바다가 펼쳐져 있었다. 어둠은 태양이 사라진 공간을 비집고 들어와 넘실거렸다. 안개까지 가세하는 날에는 초소는 배와 같았다. 초병은 안개의 바다에서 형체 없이 떠도는 대상과 전투를 벌이는 셈이다.

비무장지대의 철책선은 낮보다 밤이 더 눈부시게 아름다웠다. 어둠이 계곡과 철책 주변을 점령하면 투광등이 하나둘 빛을 밝히기 시작했다. 그 모습은 마치 온 나라의 가로등을 모두 세워 놓은 듯 꼬리에 꼬리를 물고 산 너머로 계속 이어졌다. 동해에서 서해까지 155마일에 이르는 비무장지대의 투광등들이 매일 이렇게 일제히 불을 밝히고 있었다.

야간 근무를 하는 초병은 소리에 민감했다. 철책선 너머로 움직이는 물체는 언제 덮칠지 모르기 때문에 일단 적으로 간주해야 한다. 하지만 초소 앞으로 등장한 것은 비무장지대에 사는 어린 고라니였다. 고라니는 지뢰와 크레모어가 설치되어 있는 비무장지대의 개활지에서도 무서

철원군 최전방에서 야간 근무를 서고 있는 군인
투광등이 산 너머로 이어지고 있다.

움을 몰랐다.

방한복 사이로 찬바람이 들어오고, 발끝에서 시작된 추위가 서서히 온몸으로 퍼지기 시작할 때쯤 교대 병력이 전투화를 끄는 소리를 내면서 다가왔다. 근무를 마치고 들어간 행정반에는 뜨거운 물이 펄펄 끓고, 불침번은 커피를 타서 마셨다. 졸음을 쫓기에 커피만 한 것이 없었다. 술을 반입할 수 없는 비무장지대에서 군인들이 밤을 샐 수 있도록 돕는 음료는 커피뿐이었다. 커피는 각성의 음료이기 때문이다. 잠이 오는 것을 막아 줄 뿐만 아니라 몸을 따뜻하게 데워 준다.

그날 밤 순찰 근무를 서는 중대장도 자정 무렵까지 커피 몇 잔을 타서 마시며 무전기 소리에 촉각을 곤두세웠다. 휴전선을 지키는 군인들에게 가장 위로가 되는 것이 커피였던 것이다.

적근산 자락 승암 고개로 노란 트럭이 먼지를 일으키며 넘어오고 있

이동식 매점 '황금마차'
최전방 이동 PX의 공식 명칭은 충성클럽으로 바뀌었지만 독특한 색상 때문에 아직도 황금마차로 불린다. 커피는 황금마차의 인기 있는 물품 중의 하나이다.

다는 소식에 병사들의 마음이 뛰기 시작했다. 트럭이 산길 모퉁이를 돌아 설 무렵이면 벌써 긴 줄이 만들어졌다. '황금마차'라고 불리는 트럭이었다. 병사들은 이동식 매점을 황금마차라고 부르며 손꼽아 기다리고 있었다. 비무장지대에서 황금마차는 남쪽 세상의 물건을 싣고 오는 반가운 손님이었다.

요즘 군대에서 빼놓을 수 없는 필수품이 커피이다. 배고픈 군대 시절에는 상상조차 할 수 없는 일이지만 신세대가 근무하는 병영에서는 커피가 있어야 했다. 커피만 있으면 비록 멧돼지들이 주변을 맴도는 산속에서도 문화생활을 즐길 수 있었다. 병영에서 마시는 한 잔의 커피는 도심의 멋진 카페에서 커피를 마시던 추억을 되살려 낸다. 그래서 커피는 초병들의 삶에 활력소를 불어넣는 필수품이 됐다.

이처럼 커피가 비무장지대까지 퍼지게 된 데는 한국 전쟁과 관련이 있다. 한국 전쟁이 일어나자 미군의 군수품과 함께 커피가 들어와 확산되기 시작했다. 적근산 아래 이 지역은 한국 전쟁 당시 산줄기를 따라 수색전과 정찰 활동이 끊임없이 이어졌다. 특히 이곳은 에티오피아의 각뉴부대원들이 처음 전투에 투입됐던 곳이다. 그들은 커피를 처음 발견해 인류에 선물한 칼디의 후손이었다. 반세기가 지나 그날의 전쟁터를 찾은 에티오피아의 참전용사는 이렇게 회고했다.

"치열한 전투가 끝나면 커피를 마셨지. 고향에서 가져온 이르가체페, 하라, 시다모 커피였어. 미군의 브라운 커피를 마신 기억도 나."

적근산에서 서쪽으로 내려다보이는 철원군 김화읍 벌판에서는 농민들이 농사 준비에 바빴다. 농사일을 하는 사이에 나오는 것이 새참이다. 새참에는 전통적으로 술이 빠지지 않았다.

"요즘에 술을 마시는 사람이 어디 있나?"

김씨는 다방에 커피를 주문했다. 커피를 실은 오토바이가 논둑길을 타고 달려왔다.

"과거에는 농사일이 힘들다고 막걸리와 소주를 많이 마셨지. 그런데 술을 먹다 보면 사고도 많이 나서 커피를 찾는 사람들이 많아졌어. 농사꾼이 논두렁에서 커피를 마실 줄은 나도 몰랐어. 하하하."

농부가 사는 마을은 민간인 출입통제선 안에 자리 잡은 마을이다. 마을 끝 성제산과 계웅산 사이에는 비무장지대로 들어가는 통문이 버티고 있다. 그 자리는 한국 전쟁 당시 에티오피아의 각뉴 부대가 주저항선을 편성했던 곳이었다. 그들은 커피의 고향에서 온 전사들이었다. 농부의 잔에서 피어난 커피 향이 지뢰밭을 넘어 북으로 퍼지고 있었다.

커피콩을 고르는 사람들

아디스아바바 시내에서 두 번째로 큰 커피 회사에 들어간 순간 잔뜩 쌓여 있는 커피 자루에 압도되고 말았다. 코끝을 자극하는 커피 향을 기대하고 들어갔던 창고에는 커피 자루만 지붕 아래까지 쌓여 있었다. 인부들은 커피 자루를 메고 와서 사람의 키보다 더 높은 곳에 올려놓았다. 또 다른 인부들은 커피 자루를 깔고 앉아 끈으로 자루를 꿰매고 있었다.

커피 자루가 쌓여 있는 풍경은 우리나라 농촌의 방앗간과 흡사했다. 우리네 방앗간에는 가을철이면 수확한 볏가마가 창고 천장까지 쌓였다. 농부들은 그렇게 쌓이는 볏가마니를 보고 한해 뙤약볕에서 흘린 땀방울과 노고를 잊어버리곤 했다.

커피 공장을 안내하던 사장은 자수성가한 사람이었다. 가난한 집에 태어나 초등학교 밖에 다니지 못했지만, 자신의 회사를 오늘날 에티오피아 굴지의 커피 수출 회사로 만들었다. 그는 세계 여러 나라에 커피를 수출하는데, 에티오피아 커피에 대한 자부심이 강했다.

커피 자루가 쌓인 창고 옆에서는 수십 명의 부녀자들이 커피 생두를 고르고 있었다. 커피 공장에서 부녀자들이 하는 일은 결점이 있는 생두를 하나씩 골라내는 작업이었다. 커피 생두를 크기별로 분류하는 작업은 기계로도 할 수 있지만 커피의 품질을 종합적으로 판단하는 데는 사람의

커피 생두가 담겨져 있는 자루들
에티오피아에서 세계로 수출되는 커피는 고급 유기농 커피로 유명하다.

손길이 꼭 필요했다. 테이블에는 보통 7명이 앉아 일을 했다. 그런 테이블이 수십 개나 되었다. 원두가 모이는 지점에 앉아 있는 사람이 작업반장이었다. 커피 선별 작업은 손이 많이 가는 작업이었다.

부녀자들은 하루 종일 크기나 모양이 다른 커피 생두를 골라내는 일에 매달렸다. 그녀들은 원색의 스카프를 맨 20대 젊은이부터 할머니까지 연령대가 다양했다. 일자리를 구하기 어려운 곳이다 보니 이들의 어깨에 한 가정의 생계가 달려 있는 셈이었다. 우리가 식탁이나 멋진 카페에서 마시는 커피는 이들의 손길을 한 번씩 스친 것이었다.

단순한 일의 반복이지만 그녀들의 얼굴에는 미소가 피어났다. 분명히 힘든 일일 텐데도 그 일로 가족이 먹고 살기 때문에 그녀들은 행복한 것일까? 커피콩을 선별하는 모습이 콩나물 콩을 골라내던 어머니의 모습처럼 보였다.

"최종 선별 작업은 제품의 품질과 아주 밀접하기 때문에 아주 중요합니다. 여성들의 손길이 아니라면 절대 할 수 없는 일이죠."

이런 작업을 거친 커피가 미국과 유럽 등지로 수출된다. 그 가운데 아주 적은 양이 한국에 들어온다.

| 커피 공장에서 생두를 고르는 여자들
커피콩은 사람이 직접 손으로 골라 선별한다.

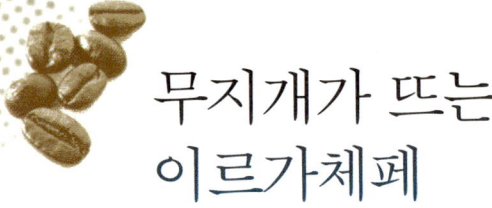

무지개가 뜨는 이르가체페

세계적으로 유명한 에티오피아의 커피 생산지 이르가체페로 가는 길은 천상과 지상의 반복이었다. 커피의 본고장을 찾아가는 여정은 밤잠을 설치게 할 정도로 가슴을 설레게 만들었다. 혀끝으로 다가오는 이르가체페 커피의 부드러움은 출발하기 전부터 기대감을 갖게 했다.

아디스아바바의 새벽을 깨우는 것은 도심의 목동이었다. 세계 어느 도시를 가도 절대로 볼 수 없는 진기한 풍경이 에티오피아 도심의 목동이다. 도심의 목동은 가축을 이끌고 인도나 중앙 분리대를 지난다.

목동은 자동차와 콘크리트 건물이 들어서기 전에 이 땅의 주인이 누구인지를 알려 주는 화석과도 같은 존재였다. 어깨에 지팡이를 얹고 콧노래를 흥얼거리는 목동은 예전에는 아디스아바바 구릉에서 자유롭게 뛰어놀았을 것이다. 하지만 '아디스아바바 드림'을 꿈꾸는 가난한 사람들이 몰려오고 건물들이 들어서면서 목동도 점점 사라져 가고 있었다.

"요즘도 가축과 함께 사는 사람들이 남아 있어요. 집 한구석에 가축이 머무는 곳이 있지요."

새벽길을 나서는 가축들을 뒤로하고 계속 달렸다. 고속도로가 없는 에티오피아에서 외곽으로 나가고 들어오는 국도에는 벌써 차량들이 늘어나고 있었다.

아침을 여는 목동
아디스아바바의 도심에서 양을 몰고 다니는 부지런한 목동들이 아침을 연다.

　도심을 벗어나자 도로 위로 햇살에 쏟아졌다. 도심 외곽은 황금빛으로 눈부시게 빛나기 시작했다. 가난한 자와 부자, 지위가 높은 사람과 낮은 사람에 상관없이 태양은 모든 사람에게 골고루 빛을 주었다. 그러나 아침의 태양을 온전하게 내 것으로 받아들일 수 있는 사람은 부지런한 사람들이 아닐까. 그 순간 아침 햇살을 매일 맞을 수 있는 행복감에 잠시 젖어 보았다.

　시내의 붉은 기운이 서서히 사라지기 시작할 때 갑자기 차가 멈춰 섰다. 남부로 가는 길을 안내하는 사람은 그리스 출신의 마이클이었다. 그의 이야기로는 도요타 4륜차에 문제가 생겼다는 것이다. 어제 장거리 운전을 한 뒤 정비를 했어야 하는데 그냥 끌고 왔더니 고장이 났다고 했다. 마이클이 다른 차를 부를 때까지 도로변에서 기다리는 수밖에 없었다.

희망의 싹을 틔우는 커피

아디스아바바의 눈부신 아침 햇살
아디스아바바 시내에서 이르가체페로 가는 길에 아침 햇살이 눈부시다.

그 순간은 아디스아바바 시민들의 출근길 표정을 살펴볼 수 있는 절호의 기회였다. 차에서 벗어나 몇 걸음 골목으로 들어가니 사람들이 여기저기서 쏟아져 나오기 시작했다. 버스를 이용하는 사람보다도 걸어서 출근하는 사람들이 더 많았다. 골목길에서 사람들이 밀물처럼 쏟아져 나와 어디론가 사라지고 있을 때 나는 그 속에서 섬처럼 혼자 서 있었다.

그런데 사람들이 걸어가는 골목길과 하늘은 모두 파란 안개로 뒤덮여 있었다. 사람들은 파란 안개에 가려 잘 보이지 않았다. 대지의 아침을 흐리게 한 주범은 다름 아닌 스모그였다. 도심은 파란 안개가 더 강했다. 파란색 안개 사이로 버스와 승용차가 지나가고 조깅을 하는 사람도 있었다.

공장이 거의 없는 아디스아바바에서 스모그를 발생시키는 것은 대부분 차량들이었다. 출근하는 차량들이 내뿜는 연기는 방역 차량이 지나간 뒤처럼 보였다. 차량과 건물, 도로, 유칼립투스 나무가 모두 파란 안개에 휩싸여 질식할 것만 같았다.

동부 아프리카 고원의 도시 아디스아바바에서 아침마다 파란 안개가 피어나는 데는 이유가 있었다. 이 도시는 우리나라로 치면 백두산 높이의 고지대인데 이렇게 높은 지대에서는 차량의 연료가 완전 연소되기 어렵다고 했다. 만약 파란 안개만 없다면 이 고원의 아침 공기는 어느 곳과도 비할 수 없는 최고일 텐데 아쉬운 마음이 들었다.

아디스아바바의 스모그에는 선진국들이 한몫했다. 환경 규제가 강화되는 선진국에서 이 나라로 수출하거나 인도주의 명목 아래 지원하는 차량들은 모두 중고차였다. 선진국들은 자신들이 먹고 마시는 공기를 더럽

아디스아바바 시민들의 출근길과 아디스아바바의 스모그

힐 수 없기에 '수출'이라는 국제 경제 시스템을 빌어 폐차들을 아프리카로 보내고 있었다. 더운 밥 식은 밥을 가릴 형편이 되지 않는 아프리카의 나라들은 중고 차량을 사용할 수밖에 없고, 제대로 정비하기도 힘들다 보니 스모그 제조기나 다름없었다. 스모그 현상을 벗어나기 위해서는 매연을 발생시키는 차량의 수입을 엄격하게 제한하고 신재생에너지를 사용하는 최첨단 차량들을 지원해야 하지만 이곳에서는 그런 지원을 바랄 수가 없었다.

아디스아바바의 스모그에서 벗어날 즈음 철길이 눈에 들어왔다. 일반 철길보다 폭이 좁아 마치 영화 촬영에 쓰일 법한 레일이 저 멀리 달아나고 있었다. 철길 주변에는 요즘 아프리카에 진출해 한창 도로와 건물을 건설하고 있는 중국 회사의 간판이 서 있었다. 기차가 별로 다니지 않는 길이어서 목동과 가축이 함께 철길을 이용했다. 반세기 전 한국으로 떠나는 에티오피아 군인들이 탔던 기차가 이곳을 지났을 터였다. 그리고 전쟁터에서 살아남은 사람들만 다시 이 길을 통해 고향으로 돌아올 수 있었다. 철길은 에티오피아 역사에서 처음이자 마지막으로 해외 파병을 단행했던 역사를 간직한 채 푸른 초원 너머로 이어져 있었다.

멋쟁이 위버새 Weaver Bird 들을 만난 것은 에티오피아의 남부 도시 아와싸 Awassa 를 지날 때였다. 멀리서 보면 위버새의 둥지는 주렁주렁 매달린 열

멋쟁이 위버새

위버새(Weaver Bird)는 나무에 거꾸로 매달려 집을 짓는 재주가 대단하다. 천적으로부터 보호하기 위해 둥지 입구도 지면을 향하도록 짓는다. 나무에 매달려 집을 짓는 위버새의 모습은 황홀하기까지 하다.

매 같았다. 잠시 쉬어 가기 위해 들른 휴게소 앞 정원에서 위버새는 곡예사처럼 거꾸로 매달려 집을 짓고 있었다. 오직 짧은 부리로만 둥지를 만들었는데 꼭 사람이 손으로 엮은 것처럼 정교했다. 새의 둥지는 플라스크와 비슷했다. 나뭇 껍질과 가지, 풀잎으로 만든 둥지가 한 나무에 수백 개나 되었다. 위버새는 보통 100~300쌍이 함께 모여 둥지를 튼다. 게다가 위버새는 노랫소리가 고운 연작류 가운데 으뜸이었다. 새들의 노랫소리가 끝없이 퍼지는 나무 아래가 바로 천상의 세계였다. 그 아래에서 여종업원이 가져온 커피 한 잔을 마셨다.

"지금이 한창 집을 짓는 시기예요. 위버새들의 노랫소리는 언제 들어도 감미로워요. 커피는 천천히 마셔도 돼요. 위버새들은 하루 종일 여기 있으니까요."

위버새의 노랫소리를 들으며 마신 한 잔의 커피는 평생 잊지 못할 추억이 되었다. 위버새가 무리를 이루고 땅바닥을 향해 거꾸로 집을 짓는 것은 둥지를 보호하기 위해서이다. 참새만큼 작다 보니 따로 떨어져 사는 것보다 무리를 지어 생활하는 것이 천적으로부터 둥지를 지키는 데 유리했다. 그리고 둥지의 입구가 아래로 향해 있어야 하늘에서 급습하는 맹금류의 공격을 피할 수 있었다. 따라서 둥지의 입구는 자신의 몸만 드나들 수 있을 정도로 작게 만들었다. 지상에서 가장 아름다운 둥지를 만드는 위버새는 수컷이었다. 멋진 색깔을 뽐내며 아름다운 보금자리를 만들어 놓으면 암컷을 맞아 짝짓기를 할 준비가 끝난다.

바야흐로 장마가 끝난 요즘이 에티오피아의 봄이다. 거리에는 활기찬 기운이 넘쳤다. 당나귀들은 느릿느릿 걸으며 수레를 끌었는데 자전거를 타고 가는 사람과 속도가 비슷했다. 여기서는 속도가 그다지 중요하지 않았다. 봄을 맞은 사람들의 얼굴에는 여유가 있었다. 젖소들은 메마른 땅 사이로 내미는 풀을 여유롭게 뜯어 먹고 있었고, 모든 것이 행복해 보였다. 당나귀 수레를 타고 가는 일가족의 표정도 더 바랄 것이 없어 보였다.

길은 남쪽으로 곧게 구릉을 따라 오르막과 내리막길이 이어져 있었다. 그때 젊은이 세 명이 차 꽁무니에 매달려 아슬아슬하게 지나갔다.

에티오피아의 남부로 가는 길에는 어른 5~6명이 팔을 벌려야 안을 수 있는 나무들이 계속 등장했다. 거목들은 마을 주민들이 신성하게 여기는 대상이자 쉴 수 있는 공간이기도 했다. 나무 아래에서는 사람뿐만 아니라 염소도 걱정을 잊고 졸고 있었다.

'나무와 같은 사람이 될 수 있을까? 척박한 땅에 뿌리를 내리고…… 더위에 지친 사람들이 편히 쉬었다가는 것을 행복해 하는 나무와 같은, 먼 길을 가는 길손들에게는 이정표 역할이라도 할 수 있는……'

나무처럼 되고 싶다는 꿈 같은 상상을 하고 있을 때 뜻밖의 이야기를 들었다.

"나무 아래에는 대개 경찰이 있어요! 지나가는 차량들로부터 세금을 걷는 경찰이나 관리들이 나무 아래에 앉아 있는 경우가 많아요."

듣고 보니 맞는 말이었다. 이 말을 듣기 전까지는 나무 그늘 아래에서 마을 사람이나 가축들이 보였는데, 마을 어귀에는 경찰이 소총까지 차고 있었다. 그 나무 주변으로는 사람들이 모이지 않았다.

당나귀 수레를 탄 아이들
당나귀 수레에 짐을 싣고 올라앉은 아이들의 모습이 평화롭다.

이르가체페로 가는 길
이르가체페로 가는 길에 천국이라고 느낄 정도로 아름다운 풍경과 만났다.

 "여기가 천국paradise이에요."
 마이클의 말대로 차창 밖으로 펼쳐지는 풍경은 천국이었다. 낮은 언덕 사이로 펼쳐진 길은 케냐 방면으로 곧게 뻗어 있었다. 차들은 푸르른 구릉과 뭉게구름 아래 대지를 계속 전진했다. 나는 지금 천국의 세상을 지나가는 것일까.
 드디어 시다모Sidamo 지역에 들어왔다. 세계적으로 고급 커피로 유명한 시다모 커피는 이 고장의 지명을 딴 것이다. 시다모 커피는 숲에서 키우는 포레스트 커피Forest Coffee이다. 구릉과 계곡 사이를 따라 커피나무가 숲을 이루고 있다. 대단위 플랜테이션 농업에 의해 생산되는 다른 열대 지역의 커피와는 달리 가장 야생에 가까운 조건에서 생산되다 보니 고급 커피로 유명해지게 됐다. 아직 커피를 수확하기에는 이른 시기여서 커피

희망의 싹을 틔우는 커피

시다모 커피
시다모의 커피가 화창한 하늘 아래 여물어 가고 있다. 대단위 농장이 적기 때문에 유기농 재배로 이루어지고 있다.

체리는 풋열매에 가까웠다.

시다모 커피에 전 세계적인 관심을 불러일으킨 주인공은 2006년 10월 미국의 세계적인 커피 체인점 스타벅스였다. 에티오피아에서 커피는 수출의 60%를 차지하는 주요 농산물이었다. 커피 수출 물량으로 보면 세계 6위에 불과하지만 에티오피아의 커피는 모두 최고급 커피였다. 에티오피아는 아프리카에서 커피 최대 생산국이자 수출국이었다. 시다모, 이르가체페, 하라를 세계인들은 커피 이름으로만 알고 있지만 모두 고급 커피를 생산하는 지명이었다. 하지만 에티오피아의 농민들은 미국의 소비자들이 커피를 사 먹을 때 비싼 값을 지불한다는 사실을 알지 못했다.

에티오피아 정부가 해결해야 할 과제는 고급 커피를 제값 받고 파는 것이었다. 커피 이외에는 소득원이 없는 나라로서는 당연한 것이었다. 그런데 고급 커피로 대접받기 위해서는 유명 브랜드가 필요했다. 에티오피아 정부는 미국 특허 상표국에 시다모와 이르가체페 등을 상표로 등록해 달라고 신청했지만, 이르가체페만 겨우 상표로 인정됐다.

상표 등록을 방해한 것은 스타벅스였다. 미국 커피 협회에서 막강한 힘을 휘두르고 있는 스타벅스는 커피 이름이 법적인 보호를 받을 만한 게 아니라 일반적으로 사용되는 명칭에 불과하다고 주장했다.

"우리는 커피 원두를 구입할 때 이미 평균 이상의 가격을 지불하고 있습니다. 그리고 농민들을 돕기 위한 계획도 세우고 있습니다!"

이뿐만 아니라 상표를 등록하지 않는 게 에티오피아 농민들에게 더 이익이 된다는 괴변을 늘어놓았다. 상표 등록이 되면 커피 가격이 올라가는데다 고소당할 우려 때문에 선진국 커피 체인점들이 구매를 꺼릴 것이라는 주장이었다. 상표 등록을 막으려는 속셈을 마치 에티오피아 농민들을 돕고 걱정하는 것처럼 포장한 것이었다. 이런 속셈을 폭로한 것은 국제적인 구호 단체 옥스팜이었다. 이 단체는 커피 농업에 의존하고 있는 1,500만 에티오피아 국민들을 위해 상표권을 인정하라고 국제적인 여론을 조성했다.

곧 잠잠해질 것으로 기대했던 스타벅스는 결국 최고 경영자를 에티오피아로 보내 제나위 총리를 만나게 했다. 에티오피아 커피 재배 농가를 돕기 위한 대책을 세우겠으니 상표 등록은 하지 않는 게 좋다는 주장을 관철하기 위해서였다. 하지만 총리의 의지는 강력했다. 제나위 총리는 에티오피아 북부의 거친 지역에서 태어나 자란 인물이었다. 커피 가격이 워낙 낮아서 가난한 농민들이 마약 성분이 있는 식물 카트를 재배하는 현상이 번지고 있다고 되받아쳤다. 에티오피아의 농민들은 가난으로 인해 세계인들의 입맛을 사로잡은 커피를 포기하고 환각 성분이 있는 카트를 재배할 수밖에 없는 유혹을 받고 있었다.

"여기 좀 보세요. 커피 체리가 검게 변한 것이 보이죠?"

신이 인류에게 내린 선물 커피에도 약점이 있었다. 커피 숲을 자세히 들여다보니 일부 커피가 검게 변해 있었다. 마이클이 검게 말라 버린 커피 체리를 따서 쪼개 보니 속이 텅 비어 있었다. 애써 가꾼 커피가 앵두처럼 붉게 익어야 판매할 수 있는데 이렇게 되면 속이 탄다. 커피 재배는 그처럼 까다로운 자연 조건을 극복하고 병충해를 물리치는 싸움의 연속이었다.

에티오피아 정부는 이미 30여 개 나라에 상표 등록을 했다. 캐나다와 아시아 커피 소비국인 일본도 상표권을 인정했다. 제나위 총리가 로열티를 물리려는 것이 아니라고 입장을 밝혔지만 스타벅스는 상표 등록만은 허용하려고 하지 않았다. 그것은 지금까지 스타벅스가 그만큼 막대한 이득을 봤다는 것을 증명하는 것이었다.

2007년 6월 스타벅스는 에티오피아 정부 및 옥스팜에 손을 들었다. 에티오피아 정부는 스타벅스가 고급 커피를 생산하는 시다모와 하라, 이르가체페와 같은 지명이 상표로 등록돼 국제적으로 보호를 받는 데 반대하지 않는다며 물러섰다. 세계에서 가장 좋은 품질의 커피를 생산하면서도 스타벅스의 배만 불려주던 상황에서 새로운 기회가 생긴 것이었다.

이런 분위기 때문인지 시다모 커피 농가들은 기대에 부풀어 있었다. 커피를 생산하는 면적을 늘리고 좋은 품질을 유지하기 위해 가공 시설을 지을 거라며 부지를 보여 줬다. 그곳에는 커피를 심기 위해 베어낸 유칼립투스 나무가 누워 있었다.

이르가체페로 들어가는 길은 비에 젖어 있었다. 한바탕 소나기가 지나간 뒤여서 바닥에서는 풋풋한 흙냄새가 올라왔다. 땅은 비에 젖어 붉은 색을 띠었고 하늘은 마치 한국의 가을날처럼 깨끗했다. 이러한 천혜의 자연 조건이 최고급 커피를 키워 내는 것이었다. 커피는 열대 지역에다 하루에 1~2번씩 비가 와야 하는 까다로운 조건들이 맞아 떨어져야 재배할 수 있는 작물이었다.

"낮에 소나기가 내리면 무지개가 뜰지도 몰라요. 한국 사람들은 무지개가 행운을 가져온다고 믿거든요."

시다모에서 이르가체페로 가는 길은 해발 2,000m나 되는 고산 지역이다. 이르가체페에 들어섰더니 마이클은 보여 줄 것이 있다면서 비포장 산길로 차를 몰았다. 구불구불한 산길 주변으로 집이 보였다. 모두 바나나 잎과 풀을 이용해 원형으로 만든 집이었다.

마이클이 자랑하고 싶었던 것은 커피 체리의 껍질을 벗기는 최신 가공 시설이었다. 아직 커피를 수확할 시기가 아니어서 시설은 가동되지 않았지만 시멘트 블록을 쌓아 만든 건물은 우리네 정미소와 분위기가 비슷했다. 그곳에서는 외국에서 수입한 현대식 기계로 커피의 껍질을 자동으로 벗기는 과정이 이루어진다고 설명했다.

가공 시설 앞으로는 수확한 커피를 말리는 건조대가 너른 마당을 차지했다. 커피를 한창 수확해 가공하는 시기에는 커피를 지키는 사람이 있다고 했다. 그가 임시로 머무르는 시설에는 이런 글귀가 적혀 있었다.

'우리가 왜 가난합니까. 게으르기 때문입니다.'

부지런해야 부자가 된다는 말인지, 인부들이 한눈을 팔지 못하도록 경계하는 것인지 알 수 없었다.

이르가체페의 커피 농장
수확한 커피를 햇살에 말리는 시설 너머로 하루해가 저물고 있다. 밤이 되면 닭살이 돋을 정도로 싸늘해진다.

희망의 싹을 틔우는 커피

| 커피꽃

운이 좋게도 수확을 앞두고 있는 커피나무 숲에서 커피 꽃을 발견했다. 원래 커피 꽃은 봄에 피는데 그 향기가 아까시나무 꽃보다 더 정신을 혼미하게 만들 정도로 진했다. 암술과 수술이 모두 5개씩 달린 커피 꽃이 무리를 지어 피면 한국의 이팝나무 꽃과 비슷하리라.

커피나무 숲 옆에는 염소들이 밧줄에 다리가 묶여 있었다. 커피의 유래라고 전해 오는 이야기가 떠올랐다. 옛날 에티오피아 카파라는 마을에 칼디라는 목동이 있었다. 어느 날 칼디는 염소를 데리고 산에 갔다가 이상한 현상을 목격했다. 염소가 처음 보는 열매를 먹고 난 뒤 기분이 좋아 날뛰는 것이 아닌가! 그 열매가 바로 커피였다. 이 열매가 아라비아로 퍼지고, 모카 항을 통해 유럽으로 전해지면서 커피는 오늘날 가장 사랑받는 음료가 됐다. 커피라는 이름 또한 칼디가 살던 고장 카파에서 전래됐다고 한다. 커피는 이슬람 세계에서는 카와, 카베 등의 다양한 이름으로 불렸다. 전설 속에서 커피 열매를 처음 맛보았던 주인공의 후손이 지금은 커피 숲 옆에서 다리가 묶여 있는 신세였다.

해가 '가짜 바나나' 숲 위로 넘어가기 시작했다. 이 작물은 바나나와 잎 모양이 비슷해서 가짜 바나나라고 불렸다. 주민들은 뿌리에 달린 고구마와 같은 것을 식용으로 이용했다. 뿌리에서 녹말을 추출하기 위해 썩히는 냄새는 우리 농촌에서 감자를 삭히던 냄새와 똑같았다.

해가 기울자 일을 하러 나갔던 마을 사람들이 집으로 향했다. 언덕에 자리 잡은 보금자리에서는 저녁을 준비하는 연기가 피어올랐다. 저녁밥을 짓기 위해 불을 때는 풍경은 우리의 시골 정취를 떠오르게 해서 문득 지친 몸을 뉠 수 있는 집이 그리웠다.

돌아오는 길에 이르가체페 재래 시장에 들렀다. 소나기가 지나가면서 질척거리는 길거리에서 주민들은 감자와 푸성귀를 놓고 흥정을 벌이고

이르가체페 시장의 어린이들
풋고추를 파는 아이와 시장에서 만난 아이들의 표정이 밝다.

있었다. 물건을 파는 사람들은 대부분 아낙네들과 소녀들이었다. 한 소녀는 풋고추를 펴놓고 손님을 기다리고 있었다.

땅거미가 내릴 무렵 둥지로 돌아가는 새소리가 숲에서 들려왔다. 숙소 현관에서 저녁 식사를 마치자 저 멀리서 희미한 북소리와 함께 주민들의 웅성거리는 소리도 들려왔다. 마을 사람들은 어디론가 가고 있는 듯했지만 모습이 보이지 않았다. 그들은 어디로 가고 있는 것일까. 잠이 오지 않아 마을 구경을 나가기로 했다. 대문을 열고 먹물을 뿌린 듯 어두운 거리로 나섰다.

마을에서 가장 불빛이 밝은 곳을 찾아가니 젊은 남녀가 모여 있다.

"오늘이 새해 첫 날이어서 함께 모여 축제를 열고 있어요."

한국에서는 추석을 며칠 앞두고 있는데 에티오피아 달력으로는 이날이 새해였다. 건물 입구에서는 커피 세레머니가 열리고 있었다. 송편을 먹어야 하는 날에 커피로 새해를 맞았다. 여자들은 이날 밤 모두들 가장

희망의 싹을 틔우는 커피 103

새해를 맞는 세레머니
이르가체페의 어자들이 새해를 맞아 나쁜 기운을 불에 태우는 의식을 진행하고 있다. 한국에서는 추석이지만 에티오피아는 비가 그치는 9월이 봄이자 새해이다.

좋은 옷을 차려 입고 나왔다. 이글거리는 불빛에 마을 처녀들의 얼굴이 커피 체리처럼 홍조를 띠었다.

그때 마을 처녀들이 일어서더니 빗자루처럼 생긴 것을 들고 마당으로 모였다. 마치 강강술래를 하는 한국의 여자들처럼 빗자루를 들고 다가왔다. 남자들이 노랫가락을 뽑으면 처녀들은 후렴구를 따라 불렀다. 그리고 마지막으로 해를 모닥불에 들이댔다. 지난해 나쁜 기운을 모두 태우고 새해를 맞는 의식이었다. 불씨가 반딧불이처럼 어두운 밤하늘로 일제히 날아올랐다. 이글거리는 모닥불 앞에서 신이 인류에게 선사한 커피를 마셨다. 지상에서 최고라는 이르가체페의 커피를 마시는 기분은 뭐라고 표현하기 어려웠다. 부드럽고 감미로우며 달콤한 맛이 혀끝에서 쉽사리 사라지지 않았다.

이르가체페의 밤은 서늘했다. 샤워 부스에서 찔끔찔끔 나오는 물은 얼음물처럼 차가웠다. 아프리카라고 해서 무더운 것은 절대 아니다. 그날 밤은 유난히 따뜻한 것들이 무척 그리웠다. 모기장을 친 침대로 뛰어들어 몸을 웅크렸다. 악명 높은 아프리카의 말라리아모기도 이런 밤에는 활동하지 못할 테니 말라리아에 걸릴 걱정은 덜었다.

새소리에 깨어난 이르가체페의 새벽은 안개 바다였다. 예정대로라면 어제 아디스아바바로 돌아가야 했으나 밤길에 사고라도 나면 대책이 없어 새벽에 떠나기로 했다. 숲에서는 산불이라도 난 것처럼 파란 연기가 피어나고 있었다. 부지런하게 아침을 여는 사람들이 전통 음식인 인제라를 만들고 있는 모양이었다.

아침 햇살이 피어날 무렵 물통을 든 젊은이들이 한두 명씩 도로에 모습을 드러냈다. 남자들은 가축을 이끌고 들판으로 향하고 있었다. 소년은 쇠바퀴 하나를 빼고는 모두 나무로 만든 달구지에 광주리를 얹고 어디론가 가고 있었다. 오늘도 주어진 하루를 소중하게 받아들이며 열심히 사는 사람들이었다.

이르가체페의 아침
물통을 든 젊은이들이 물을 길으러 가고 있다.(위) 남자들이 가축을 이끌고 들판으로 향하고 있다.(아래)

이르가체페를 빠져 나갈 무렵 날은 이미 환하게 밝았다. 그때 나무와 흙으로 만든 주민들의 전통 가옥 위로 노란 햇살이 뻗쳤다. 그리고 파란 하늘과 흰 구름 사이로 무지개가 등장했다. 무지개가 떴으면 좋겠다고 무심코 말을 건넸던 마을에서 오늘 아침 기적같이 무지개를 만났다. 이르가체페는 향기로운 커피와 함께 작별 선물로 내게 무지개를 선사했다.

이르가체페의 무지개
아침 하늘에 무지개가 떴다.
이르가체페는 잊지 못할 무지
개를 선물했다.

거친 땅이 선물한
하라 커피

에티오피아 동부의 고도^{古都} 하라^{Harar}는 철도 때문에 어느 날 갑자기 도시의 운명이 바뀐 곳이었다. 이른 새벽 아디스아바바를 출발한 50인승 프로펠러 비행기가 지나가는 하늘길에는 북극의 빙원과 같은 하얀 구름이 깔려 있었다. 지상의 가난과 슬픔은 어디에서도 찾아볼 수가 없었다. 건조한 열대 초원 사이로 물줄기가 구불구불 지나고, 물이 사라진 개울 주변으로 원주민들의 집들이 모여 있었다. 비행기는 띄엄띄엄 나무가 서 있는 사바나 지역의 활주로로 내려앉고 있었다.

에티오피아 제2의 도시 디레다와는 아디스아바바와 홍해 지부티 항구를 연결하는 철도가 들어서면서 탄생했다. 1902년 철도를 건설하는 사람들이 이곳으로 몰려왔다. 재정 문제로 공사가 10여 년 동안 진척되지 못하면서 디레다와는 홍해를 연결하는 교통의 요충지이자 종착역 역할을 했다.

디레다와의 탄생은 역사적으로 유명한 다른 도시의 운명을 바꿔놓았다. 당초에 철도는 하라를 거치도록 설계되었지만 철도의 방향을 튼 것은 사업비였다. 하라를 지나는 철도를 건설하려면 막대한 사업 비용이 들었다. 하라로 가는 길에는 한국의 미시령 같은 험준한 고갯길이 버티고 있었기 때문에 결국 철로는 하라를 우회하는 저지대를 따라 건설됐다.

| 디레다와 가는 길
건조한 열대 초원 사이로 물 줄기가 흐르고 있다.

에티오피아 제2의 도시 디레다와
디레다와는 홍해와 아디스아바바를 연결하는 철도가 등장하면서 급부상한 도시이다. 철로는 인근 도시인 하라의 쇠락을 재촉했다.

    디레다와는 도시가 만들어진 이후 400년 동안 거의 비가 내리지 않다가 2006년 큰 수해를 당했다. 상류에 비가 쏟아지면서 흙탕물이 하류에 있는 도시를 순식간에 덮쳐 수백여 명이 목숨을 잃고 만 것이었다. 국제 구호 기관이 도착해 응급 복구에 들어갔지만 도시에는 아직도 수마가 남긴 상처가 그대로 남아 있었다. 하천 바닥은 다시 메말라 물줄기조차 보이지 않았지만 흙탕물이 지나면서 패인 강바닥은 어른 키가 넘었다. 디레다와를 막 벗어나고 있는데 물줄기가 지나갔던 허허벌판을 혼자 배회하고 있는 아이가 눈에 들어왔다. 땔감을 주우러 온 것일까, 아니면 강바닥을 따라 집으로 가는 것일까.

    수해가 나면 돈을 버는 사람이 바로 골재 채취업자다. 한국에서도 수해 때마다 골재 채취업자들은 상류에서 떠내려 온 자갈과 골재를 내다 팔아 돈을 벌었다. 이곳에서도 골재 채취업자들은 하천 바닥에 덤프트럭을 대놓고 골재를 싣고 있었다.

    기찻길이 놓이기 힘들었던 고갯길은 승용차도 오르기 힘겨웠다. 정상으로 향하는 길가에서 염소 떼나 나무를 하는 주민들을 만날 수 있었다. 커브길마다 아찔한 절벽이 나타났지만 그때마다 숨어 있던 아름다운 풍경들이 펼쳐졌다. 차가 나뭇단을 싣고 가는 모습도 이채로웠다.

희망의 싹을 틔우는 커피

옛 도시 하라로 가다 잠시 샛길로 접어들었다. 아스팔트 길을 벗어나자마자 진흙탕 길이었다. 어쩔 수 없이 속도를 줄이기 시작했다. 대신 천천히 갈수록 사람들이 사는 모습을 더 잘 볼 수 있었다. 나무를 엮고 진흙을 발라 만든 집들은 한국의 옛 시골집과 비슷했다. 구판장 역할을 하는 가게에는 물건보다 사람들이 더 많았다. 가게 주변에 모인 마을 사람들은 이방인을 미소로 반겼다. 골목길은 아이들이 뛰어놀고 있어 활기찼고, 빨래터도 아낙네들이 모여 있어 정겨워 보였다. 가난하지만 구김살이 없는 그들의 얼굴은 돈이 반드시 행복과 비례하는 것이 아니라는 사실을 또 한 번 일러 주었다.

돌과 바위로 만들어진 산을 지나다 나무 그늘 아래에서 쉬어가기로 했다. 아디스아바바 시내에 사는 교민 부부가 싸준 김밥을 꺼냈다. 이런 곳에서 김밥을 먹을 수 있다는 것은 호사였다. 새벽 4시에 일어나 떠나는 여행자를 위해 김밥을 쌌을 것을 생각하니 감사할 따름이었다.

그때 먼지 날리는 신작로에서 부녀자들이 등장했다. 그녀들은 땡볕 아래를 걸어가고 있었다. 그 가운데 탱크가 그려진 옷을 입고 있는 여인은 사과가 든 광주리를 이고 있었다. 여자들이 발걸음을 멈추더니 사과를

하라로 가는 길에 만난 주민들
길가에서 물건을 파는 가게에는 물건보다 사람들이 더 많았다.

뜨거운 햇볕 아래에서도 여유롭게 길을 가는 여자들

집어 들고 미소를 던졌다. 말이 통하지 않지만 맛있는 사과라는 뜻인 것 같았다. 그러더니 거래를 성사시키려는 것인지, 아니면 이방인들의 낯선 음식을 구경하려는 것인지 땅바닥에 털썩 주저앉았다. 사과를 몇 개 산 뒤 그녀들의 호기심을 풀어 주려는 생각에서 김밥을 건네주었다. 그런데 여자들은 신기한 듯 구경만 하고 먹지는 않았다. 우리를 안내하는 주민에게 물어보니 라마단이라고 했다. 이슬람교에서는 9월 한 달 동안 해가 뜬 뒤부터 질 때까지 음식을 먹지 않는 풍습이 있다. 그러자 걱정이 되었다. 이런 뜨거운 날씨에 저녁때까지 김밥을 놔두면 상할 수도 있기 때문이다. 작은 호의가 잘못하면 오해를 살 수 있어서 지금 당장 먹지 않으면 상해서 먹지 못할 수 있다는 말을 해주고 다시 길을 나섰다. 먹을 것이 부족하기 때문에 버리지는 않을 것이다. 부디 한국의 김밥을 먹고 나서 배탈 나는 일이 없기를 빌었다.

  거친 대지 위에서 자라는 하라 커피를 만나기 위해 차에서 내리자마자 아이들이 앞장서 안내했다. 아이들은 옥수수 밭을 지나더니 뽕나무 숲과 분위기가 비슷한 나무들 앞에서 멈춰 섰다. 그것이 바로 하라 커피나무였다. 수확을 한 달 정도 앞둔 커피 체리는 푸른색이 띠고 싱싱했다. 가

희망의 싹을 틔우는 커피

하라 커피
커피는 이곳 농부들의 삶을 지탱해 주는 주요 소득원이다.

커피 나무 사이의 아이들
커피 체리 사이로 얼굴을 드러낸 아이들의 표정이 천진난만하다.

하라는 에티오피아 이슬람의 본산이다.

지마다 앵두처럼 매달린 열매가 모두 커피 체리였다.

바위투성이 고산 지역에 내리쬐는 태양은 하라 커피를 세계적으로 유명하게 만들었다. 무덥지 않은 날씨에다 가끔씩 내리는 비는 세계 어느 곳에서도 모방할 수 없는 하라 커피의 맛을 유지하는 비결이었다. 지금도 유기농 방식으로 재배되는 하라 커피는 디레다와에서 열차로 운반해 지부티 항을 통해 전 세계로 수출된다. 그 길은 하라 커피가 처음으로 아라비아에 소개됐던 경로이기도 했다.

커피를 재배하는 사람은 늙은 농부였다. 커피 재배에 평생을 바쳐온 농부는 휘어질 듯 매달린 커피 체리를 자식처럼 소중하게 여겼다. 잘 익은 커피들을 살살 만지면서 설명을 했다.

"붉게 익은 것은 지금 딸 수 있지만 본격적으로 수확을 하려면 한 달 정도 더 있어야 해. 잘 익은 하라 커피를 보려면 그때 꼭 와."

농부의 곁에는 딸이 있었다. 저 딸을 키운 것도 커피일 것이다. 가난한 산골에서 커피는 가족의 생계가 달린 중요한 소득원이었다. 그해 커피의 작황에 따라 가족의 한해 살림살이가 달라지기도 했다.

아이들은 커피 밭에서 뛰놀았다. 부모가 일을 하러 간 사이 남자아이

희망의 싹을 틔우는 커피

는 동생을 말 등에 태우고 커피 밭 주위를 돌고 있었다.

하라는 1520년 통치자였던 아흐메드 그란이 기독교에 대한 성전을 선포하면서 유명해졌다. '왼손잡이 그란'으로도 알려져 있는 그는 1530년 기독교 도시들을 정복했지만 포르투갈의 개입으로 1543년 역사의 무대에서 사라졌다.

하라는 아프리카에서 이슬람교의 성지이기도 했다. 이슬람교 통치자들은 하라 중심지에 성을 쌓고 독립적인 도시를 유지했다. 그리고 무역의 중심지로서 독자적인 화폐를 발행하기도 했다. 하라의 상인들은 이집트와 아라비아, 그리고 인도까지 교역을 했다. 메넬리크^{Menelik}가 통치하던 시대에는 외국의 기술자들이 들어와 정착하기 시작했다.

프랑스의 천재 시인 아르튀르 랭보$^{Arthur\ Rimbaud}$가 하라에 들어왔던 때도 이 시기였다. 1854년 10월 20일 프랑스의 샤를르빌에서 태어난 랭보는 시를 쓰는 것을 단념하고 1876년 네덜란드의 식민지였던 자바 섬$^{Java\ Island}$으로 건너갔다. 그는 다시 이탈리아를 거쳐 1880년 아라비아 남단의 도시 아덴으로 가서 프랑스 사람이 운영하던 상사의 직원으로 아프리카 오지 아비시니아로 떠났다. 아비시니아는 에티오피아의 옛 이름이다. 그는 무더위와 맹수의 위협 등을 극복하고 하라에 자신의 가게를 열기도 했다. 랭보는 메넬리크 왕에게 라이플 소총 2천 정과 탄약 6만 개를 팔기 위한 무기 거래를 성사시켰으나 너무 낮은 가격에 거래가 이뤄져 재미를 보지 못했다. 그는 돈을 벌기 위해 캐러밴을 이끌면서 상아와 커피도 거래했다. 하지만 류머티즘에 걸려 프랑스로 귀국하게 됐다. 랭보는 1891년 7월 15일 여동생 이사벨에게 보낸 편지에서 당시 고통스럽던 자신의 처지를 이렇게 털어놨다.

여기저기 가고 싶다. 보고 싶다. 살고 싶다. 출발하고 싶다. 눈길을 보내면 미운 목발밖에는 보이지 않는다. 이 지팡이가 없으면 나는 한 걸음

에티오피아의 고도 하라
하얀 담장이 옛 성벽이다. 프랑스의 천재 시인 랭보가 살았던 곳이기도 하다.

도 걸을 수 없고 생활할 수 없다. 보기에도 무참한 체조를 하지 않으면 옷도 입을 수 없다.

내가 병의 원인이라고 생각하고 있는 것을 들어 보겠다. 하라의 기후는 11월부터 3월까지 추위가 계속된다. 나는 얇게 옷을 입는 습관으로 리넨 바지와 무명 셔츠만을 입어 왔다. 거기에다 하루에 15km에서 40km를 걸어 다니고, 험한 산악 지대에서 몇 번이나 가마 여행을 했다. 피로와 더위, 추위 때문에 무릎 관절염이 생긴 것이라고 생각한다.

그 뒤 무릎 안쪽의 아픔이 심해졌다. 한 걸음씩 걸을 때마다 옆으로 못을 박는 것 같다. 전보다 더 괴로운데도 여전히 걸어 다닌다.

3월 말 철수하기로 결정했다. 며칠 동안 손해를 보면서 전부 정리했다. 당나귀와 낙타조차 사용할 수 없으므로 커튼으로 싸서 들것을 만들게 하고 그것을 16명의 일꾼으로 하여금 제이라까지 2주 정도 둘러메고 오게 했다. 이틀째 되던 날 캐러밴보다 훨씬 앞서 왔기 때문에 사람이 전혀 없는 곳에서 비를 맞으며 16시간이나 누워 있었다. 이것이 몹시 해로웠던 모양이다. 도중에 나는 들것에서 전혀 몸을 일으킬 수가 없었다. 그들은 나를 땅에 내려놓고 내 위에 텐트를 쳤다. 아침에는 내 위에서 텐트를 걷고 나를 들어올렸다. 제이라에는 기진맥진해 반신불수 상태로 도착했다. 거기서는 4시간밖에 쉴 수가 없었다. 아덴으로 가는 배가 있었기 때문이다.

매트리스에 뉘인 채 갑판에 놓이고 아무것도 먹지 못한 상태로 사흘 동안 배 여행을 견디어 내야 했다. 아덴에서는 다시 들것 채로 내려졌다. 그리고 병원에 가서 2주일 동안 치료한 뒤 영국 의사가 유럽으로 철수할 것을 권했다.

절뚝절뚝 걸으면 사람들로부터 조롱거리가 된다. 걷기를 멈추면 양손은 신경질적으로 떨리고 겨드랑이 밑은 욱신욱신 아프고 얼굴은 백치나 다름없다. 절망적인 생각에 사로잡혀 완전히 손발을 놀릴 수 없는 사람같이 꼼짝 않고 앉아서 훌쩍훌쩍 울면서 밤을 기다린다.

랭보는 1891년 들것에 실려 마르세유로 후송됐다. 그리고 오른쪽 다리를 절단했다. 병이 깊어지면서 랭보는 1891년 11월 10일 37살의 나이로 세상을 떠났다.

랭보는 하라에서는 시를 한 편도 쓰지 않았지만 그가 하라에 남긴 영향은 컸다. 오늘날에도 하라에서는 프랑스 어가 널리 사용되고 있으며 랭보가 들여온 프랑스제 무기는 훗날 이탈리아 침략군을 무찌를 수 있게 도와준 것이다.

한편 메넬리크의 사촌인 라스 마코넨$^{Ras\ Makonnen}$은 최초의 병원을 설립하는 등 근대화에 나섰으나 인근 디레다와에 기차역이 생기면서 하라의 몰락을 막을 수는 없었다. 라스 마코넨은 한국에 군대를 파견했던 하일레 셀라시에 황제의 아버지였다. 셀라시에 황제는 하라에서 태어나 주지사를 지냈다.

프랑스 어로 쓰인 글귀
프랑스의 천재 시인 아르튀르 랭보가 하라에 남긴 영향은 컸다. 프랑스 어는 요즘도 하라에서 널리 사용되고 있다.

비로 끊긴 길
디레다와에서 하라로 가는 길은 중국 건설회사의 덤핑 공사로 수시로 수해를 입었다.

하라의 성벽을 한 바퀴 돌아 나오는데 흙길로 올라가는 일행을 만났다. 그들은 망자의 관을 들고 성 주변을 따라 걷고 있었다. 그 모습은 마치 들것에 실려 하라를 떠나는 랭보의 뒷모습처럼 쓸쓸했다. 그런데 랭보는 왜 죽어가면서도 하라로 돌아가기를 갈망했을까. 그는 죽기 직전 유산을 하라에 남아 있는 하인과 친구에게 남겼다고 한다.

비행기 시간에 늦지 않기 위해 디레다와로 서둘러 돌아가는 길에 낭패를 당했다. 갈 때 아무런 문제가 없었던 길이 비로 막혀 버린 것이었다. 빗줄기가 갑자기 쏟아지면서 토사가 밀려와 도로 아래 배수로를 막으면서 길이 유실되고 말았다. 하라와 디레다와를 잇는 유일한 도로가 막혀 버린 것이다. 주민들이 도로에 밀려든 흙더미를 삽과 괭이로 치우기 시작했다. 빗방울은 더욱 거세지면서 흙탕물이 계속 밀려왔다. 마음이 급한 주민들은 차에서 내려 빗속을 뚫고 걷기 시작했다.

"중국인들 빨리 나와! 도로가 망가져 난리인데 차 안에서 뭐하고 있는 거야!"

주민들이 우리가 탄 차를 향해 소리쳤다. 주민들은 우리를 중국 사람으로 오해하고 있었다. 그들이 소리쳤던 것은 길이 유실돼 화가 났기 때문이었다. 에티오피아에서 도로 공사를 수주하고 있는 중국 회사가 이 도로를 건설한 모양이었다. 주민들은 당신들의 부실 공사로 길이 유실됐기 때문에 당장 나와서 길을 고치라고 요구하려던 참이었다. 형편상 저렴한 비용으로 도로 공사를 할 수밖에 없었겠지만 얼마 지나지 않으면 마치 포탄이 떨어진 것처럼 푹푹 패는 도로에 대해 주민들 사이에 불신감이 팽배해 있었다.

"도로가 유실돼 안타깝네요. 하지만 저희는 한국 사람이에요."

중국 회사가 건설한 도로에 불만이 많았던 주민들은 이 말을 듣고 물러났다. 중국과는 달리 에티오피아에서 한국의 신뢰도는 높은 편이었다.

장대비가 내렸지만 우산을 쓰는 사람은 찾아볼 수 없었다. 가난한 산골 주민들은 비를 온몸으로 맞거나 옷가지로 가릴 뿐이었다.

폭우 속에서 어린이들은 물통을 들고 집으로 향하고 있었다. 비가 내려도 상수도 시설이 없다 보니 먹는 물은 직접 떠와야 했다. 소년은 비를 맞으며 물통을 실은 작은 수레와 진흙탕에서 씨름을 하고 있었다. 다른 소년은 아예 물통을 등에 지고 걸었다. 그때 비를 맞으며 물통을 이고 가는 어린 소녀가 나타났다. 소녀의 옷차림은 남루해 보였고 날카로운 돌밭을 맨발로 걷고 있었다. 소녀는 발걸음을 옮길 때마다 고통스러운 표정을 지었다. 소녀의 고통스러운 표정을 보고도 나는 아무것도 해 줄 수 없어 고개를 돌렸다.

빗줄기가 잦아들자 차량들이 도로를 통과하려다 웅덩이에 빠져 또 멈춰 섰다. 이런 구간은 속도를 내야 하는데 경험이 부족한 것 같았다. 매년 수해를 겪으면서 배운 것은 토사가 쌓인 구간은 신속하게 통과해야 한다는 단순한 경험이었다. 빠지고 걸리고 멈춰 선 현지 차량을 뒤로하고 우리 일행이 가장 먼저 도로를 지났다.

맨발로 돌밭을 걸어가는 소녀
비가 내리는 중에도 먹을 물을 길어 집으로 향하고 있다.

4부 | '아프리카의 스위스' 에티오피아

대지는 북쪽으로 갈수록 태양에 그을린 모습으로 바뀌었다. 이 거친 땅에 로마, 페르시아와 함께 고대 문명을 꽃 피운 도시 악숨 제국이 존재했었다니 믿어지지 않았다. 오늘날에도 산 위에 모여 사는 사람들의 보금자리는 아슬아슬해 보였다. 그때 비행기가 기수를 낮추기 시작했다. 실오라기 같은 물줄기가 계곡으로 합쳐졌다.

'새로운 꽃'
아디스아바바

다시 찾은 아디스아바바 공항 주변으로 푸른 들판이 펼쳐지고 있었다. 고원의 공항만이 줄 수 있는 특유의 색채가 창 너머로 지나갔다. 향긋한 풀잎 냄새가 코끝에 밀려드는 것 같아 가슴이 뛰기 시작했다.

입국 심사를 하는 여직원은 빨간 장미 한 송이가 꽂힌 부스에서 이방인을 맞았다. 장미꽃이 담긴 꽃병은 '유토피아'라는 문구가 적힌 생수병이었다. 세상에 많은 장미 가운데 생수병에 담긴 장미꽃 한 송이가 이렇게 아름다워 보이기는 처음이었다.

"여기가 바로 유토피아네요."

여직원은 미소와 함께 여권을 곧바로 돌려줬다. 아디스아바바 볼레 국제공항의 분위기는 많이 달라져 있었다. 몇 해 전 처음 공항에 도착했을 때 활주로에 즐비한 비행기를 기념으로 한 컷 담으려고 카메라를 꺼냈더니 누군가 소리쳐 깜짝 놀랐다.

"당장 카메라를 집어넣으세요!(Release the camera!)"

내 뒤에서 따라오던 유럽의 여행객이었다. 경찰도 아닌 50대 중반의 양복을 입은 신사가 이렇게 소리친 것은 여기가 아프리카의 땅이라는 사실을 금세 떠오리게 했다. 하지만 이번 방문에서는 장미꽃이 나를 반겼다.

아디스아바바는 요즘 옛 모습을 떠올릴 수 없을 정도로 엄청나게 달라

| 아디스아바바 볼레 국제공항

지고 있었다. 한밤에 소년들이 돈을 달라며 차를 세웠던 대로 주변으로는 멋진 건축물이 들어섰다. 아프리카의 떠오르는 허브도시로서 면모를 갖춰 가는 중이었다. 도로에서는 한국의 아토스 승용차가 씽씽 달리고 있었다. 값도 저렴하고 성능도 좋아 아디스아바바에서 인기가 높았다. 중앙선에 심은 야자수는 화창한 하늘 아래 새롭게 변해 가는 아디스아바바에 대한 기대감을 높여 줬다.

아디스아바바는 세상에서 가장 아름다운 수도 이름이다. 암하라 어로 '새로운 꽃'이라는 의미이다. 1886년 에티오피아의 테이투 황후는 자신이 머무르고 있던 지역에 아디스아바바라는 이름을 붙였다.

황후는 그해 메넬리크 황제에게 별장처럼 이용할 수 있는 집을 짓기 위해 작은 땅을 부탁했다. 때마침 은또또^{Entoto}산 남쪽에는 곡식이 잘 자라는 비옥한 평원이 펼쳐져 있었고 기후도 좋았다. 게다가 온천도 솟았기 때문에 황후는 온천으로 소풍가서 몇 주가량 머무르기도 했다. 황제는 황후의 간청을 흔쾌히 받아들여 집을 지을 수 있는 땅과 수행하는 신하들이 거주할 수 있는 공간을 찾도록 했다.

하지만 황제는 여전히 은또또산에 머물렀다. 황제는 1878년 옛 수도

안코바에서 전략적인 목적 때문에 은또또로 천도했다. 은또또는 주위보다 높은 지역이어서 침략해 오는 적을 제압하기에는 안성맞춤이었다. 지리적인 이점을 이용해 적을 막아낼 수 있는 천연 요새와 다름없었다.

그렇지만 은또또는 일반 주거지로서는 적합하지 않았다. 땔감이나 식량을 구하기 어려웠고 생활필수품을 모두 산 아래에서 조달해야 했다. 왕권이 점차 안정되면서 침략을 받을 가능성이 적어지자 황제는 은또또가 나라의 수도로서 한계가 있음을 고민하기 시작했다. 게다가 산꼭대기에 있다 보니 장마철에는 집중호우가 쏟아졌고, 황제가 거주하는 지역으로 천둥과 번개가 내리쳤다.

황후가 은또또 아래로 거처를 마련한 뒤로 아디스아바바는 점차 중요한 곳으로 부각되기 시작해 1891년에는 수도 역할을 하기에 이르렀다.

각지에서 사람들이 몰려와 아디스아바바는 인구가 부쩍 늘었다. 1896년 메넬리크 황제가 아두와^{Aduwa} 전투에서 이탈리아 군대를 무찌르고 대승하자 더 많은 사람들이 아디스아바바로 모여들었다. 황후가 천막 몇 동으로 시작한 도시에는 그때부터 나무와 진흙, 돌로 만든 근대식 건물들이 우후죽순처럼 들어섰다.

하지만 아디스아바바가 갑자기 수도가 되면서 주변의 산림은 땔감과 건축 자재를 공급하기 위해 민둥산으로 변하고 있었다. 은또또를 버리고 아디스아바바를 선택했듯이 황제는 또 다른 곳을 찾아야 했다. 그는 아디스아바바에서 서쪽으로 60km 떨어진 곳에 새로운 수도를 건설하기로 결심하고 당장 궁궐을 건축하라고 명을 내렸다. 황후가 지어 준 예비 수도의 이름은 아디스 알렘, 암하라 어로 '새로운 세계'라는 뜻이었다.

그런데 수도로서 버림받을 뻔했던 아디스아바바를 구한 것은 다름 아닌 유칼립투스 나무였다. 호주의 코알라가 사는 나무로 알려져 있는 유칼립투스 나무는 선교사가 들여온 뒤 급속하게 퍼지기 시작했다.

메넬리크의 동상
메넬리크는 분열된 에티오피아를 통일하고 이탈리아를 무찔렀다. 에티오피아를 근대국가로 세운 황제이다.

은또또 고원의 유칼립투스
땔감으로 황폐해지던 은또또 고원을 구한 것은 유칼립투스 나무였다. 유칼립투스 숲 뒤로 보이는 지역이 아디스아바바 시내이다.

유칼립투스는 물이 없는 지역에서도 잘 자랐으며 성장 속도가 빨라 땔감으로 제격이었다. 나무 한 그루 없던 민둥산이 100년이 조금 지난 오늘날에는 호주만큼이나 유칼립투스 나무가 지천인 곳이 됐다. 아디스아바바 시내 주변에 사시나무 떨듯 바람에 잎사귀를 맡기고 서 있는 나무는 거의 대부분 유칼립투스 나무이다. 메넬리크 황제가 한때 수도로 정했던 은또또산으로 오르는 길은 유칼립투스 나무가 빽빽하다. 돌과 바위뿐인 척박한 곳에서도 뿌리를 내리고 하늘로 쭉쭉 뻗어가는 게 신기할 뿐이었다.

아프리카라고 하면 밀림과 정글, 무더위를 연상할지도 모른다. 게다가 1980년대 에티오피아를 휩쓴 세계적인 가뭄으로 굶어 죽어가던 아이들이 텔레비전과 신문을 도배하면서 사람이 살기 힘든 삭막한 곳이라는 선입견을 가지고 있는 사람이 많다.

하지만 아디스아바바 아침의 거리는 시원하고 상쾌하고 낮에도 습도가 높지 않아 땀을 흘리는 일은 거의 없다. 거기에다 햇살은 마치 지중해 연안처럼 따사롭다. 그래서 습도가 높은 날씨에 지친 유럽인들은 에티오

| 외세에 맞섰던 대포
에티오피아는 아프리카 대륙에서 유일하게 독립을 유지해 왔으나 1935년 이탈리아의 침공을 받았다.

피아를 '아프리카의 스위스'라고 부른다. 적도 근처이지만 무덥지 않은 이유는 수도가 해발 2,300m 고원에 있기 때문이었다. 아디스아바바는 세계에서 세 번째로 높은 곳에 들어선 수도이다. 그래서 천국과 가장 가까운 곳같이 느껴지는 도시이기도 했다.

아디스아바바는 곡선의 미를 살려 만들어졌다. 황후가 초기에 머무르던 지역을 중심으로 도시가 번창했기 때문에 자를 대고 직선으로 자르는 도시 계획은 없었다.

게다가 근대화의 물결도 한몫을 했다. 메넬리크 황제가 재임하던 시기는 서양의 문물이 쏟아져 들어오던 때였다. 현대식 건물과 병원, 은행, 자동차들이 갑자기 등장하기 시작하면서 계획적으로 건물을 배치할 여유가 없었다. 1915년에 홍해의 지부티 항과 연결되는 철도가 들어서자 서양 열강들이 철도를 따라 몰려왔다. 철도 부설권이 외국에 넘어간 우리의 개화기와 사정이 비슷했다. 서양 열강의 등장이 국권 침탈로 이어지는 것 또한 비슷한 운명을 맞게 됐다.

1935년 아디스아바바 상공으로 전투기가 등장했다. 이탈리아 무솔리니 군대의 전투기였다. 전투기는 현대식 건물들이 들어서기 시작하는 아디스아바바를 위협하듯 저공비행하며 겨자탄을 떨어뜨렸다. 시민들은 놀라 혼비백산해 달아나기 시작했다. 역사상 한 번도 나라를 빼앗긴 적이 없는 에티오피아가 이탈리아의 식민지로 전락하는 순간이었다.

메넬리크의 뒤를 이은 하일레 셀라시에 1세는 1936년 국제연맹을 찾아갔다. 국제사회의 힘으로 침략자 이탈리아를 물리쳐 달라고 간청했다. 그러나 영토 확장에 몰두하고 있던 열강들은 이를 외면했다. 고종 황제가 세 명의 열사들을 헤이그에 파견해서 국제사회에 호소했지만 아무런 도움을 얻지 못한 것과 마찬가지 상황이었다. 셀라시에 황제가 훗날 식민지에서 벗어나자마자 우리나라에 에티오피아 역사상 처음이자 마지막으로 파병을 결정한 것은 나라를 잃어 본 아픈 기억 때문이기도 했다. 이번에는 국제사회가 똘똘 뭉쳐 침략자를 몰아내야 한다고 생각했다. 당시 아프리카 대부분의 나라들은 식민지 상태였지만 에티오피아는 해외 파병까지 할 수 있는 국력을 유지하고 있었다. 한국의 경제력은 당시 에티오피아보다 더 형편없었으며 해외 파병도 에티오피아보다 훨씬 늦은 베트남 전쟁 때였다.

에티오피아는 최근 기아 사태로 어려움을 겪고 있지만 인류의 고향이라고 할 수 있다. 직접 눈으로 확인하기 위해 320만 년 전의 화석 '루시'가 소장된 에티오피아 국립박물관을 방문했다. 루시는 작은 화석으로 불완전했지만 인류의 기원을 풀어 줄 수 있는 중요한 단서였다. 처음 루시를 대면하는 순간 앞이 캄캄해졌다. 전력 사정이 불안정해 정전이 됐던 것이었다.

1974년 11월 24일 미국의 고고인류학자 도널드 요한슨 교수는 에티오피아의 하다르 지역

루시의 뼈
에티오피아 국립박물관에 소장된 원시 인류의 화석이다.

의 한 언덕에서 발굴 작업을 벌이다 여성으로 보이는 원시 인류의 화석을 발견했다. 자그마한 팔꿈치 뼈와 두개골, 엉덩이뼈 등 전체의 40%에 해당하는 뼈를 모아 놓자 320만 년 전 여성의 모습이 나타났다. 요한슨 교수는 당시 인기를 끌었던 비틀즈의 노래 '저 하늘의 다이아몬드를 가진 루시$^{Lucy\ in\ the\ sky\ with\ Diamonds}$'를 듣고 화석에 루시라는 이름을 붙였다. 공식 명칭은 오스트랄로피테쿠스 아파렌시스$^{Australopithecus\ Afarensis}$였다. 루시는 턱이 튀어나오고 이마는 뒤로 밋밋한 경사를 이뤄 유인원을 떠올리게 했지만 직립보행을 한 인류 초기의 조상이었다.

루시가 1871년 찰스 다윈이 추정했던 침팬지 조상과 현재 인류 사이의 '잃어버린 고리$^{missing\ link}$'인지를 둘러싸고 논란을 불러오기도 했다. 루시는 20여 년간 최초의 인류로 대접을 받다 최근 이보다 더 오래된 화석이 발견되면서 인류의 직계 조상일 가능성이 줄어들었다. 1992년 에티오피아 아와시 강 주변에서 발견된 화석 아르디^{Ardi}가 루시보다 120만 년이나 앞서는 것으로 드러났기 때문이다. 그래도 인류 진화의 역사에서 볼 때 에티오피아가 인류의 요람이라는 사실에는 변함이 없었다.

2009년 한국을 방문한 요한슨 교수는 '인류의 기원은 아프리카'라면서 '우리는 피부색이나 머리 모양에 상관없이 모두 동일한 종이고 공통의 미래를 공유하는 인류'라고 강조했다. 피부색이 서로 다르더라도 고고학적 관점에서 볼 때 모두 같은 후손으로서 같은 미래를 공유해야 한다는 말이었다. 결국 인류는 하나라는 주장이었다.

아디스아바바의 서쪽 외곽 지역인 암보로 가는 길은 그림엽서처럼 아름다웠다. 차들이 없을 것으로 예상하고 나섰지만 외곽의 환상^{Ring}도로는 한국의 수도권 도로처럼 일찍 막혀 버렸다. 에티오피아에도 최근 차량들이 많이 늘어나고 있었다.

교통 체증을 초래한 주범은 망가진 도로시설이었다. 원형 교차로는 바퀴가 절반이나 빠질 정도로 깊게 패여 있어 웅덩이를 피하느라 교통 흐름이 지체됐던 것이다. 이 와중에 교통질서를 지키지 않은 차가 있었는데 바로 미국 대사관 소속의 차였다. 치외 법권을 누리는 차를 보고 운전하는 분이 울분을 참지 못했다.

"지금 가는 길이 바쁘지 않았다면 쫓아가서 항의했을 것입니다. 누구나 도로에서는 똑같은 운전자가 아닙니까. 그리고 대사관 차량이라면 그 나라를 대표하는 얼굴인데 저렇게 운전해서 되겠습니까!"

차가 서서히 움직이자 유칼립투스 나무가 길을 따라왔다. 아디스아바바 시내뿐만 아니라 외곽으로 빠져 나가는 도로변은 대부분 유칼립투스가 심어져 있었다.

"유칼립투스 나무에는 벌레나 곤충을 쫓아내는 성분이 있습니다. 유칼립투스 엑기스를 방안에 뿌려 두거나 묻혀 두면 벌레들이 얼씬도 못하는 천연 방향제가 되지요."

아디스아바바 근교 장미 농장
아디스아바바 근교에서 생산된 장미는 유럽 여러 나라로 수출된다.

아디스아바바에서 유칼립투스 사업화에 온통 관심을 쏟고 있는 분의 이야기였다.

"유칼립투스 잎을 직접 수입하는 것보다 여기서 엑기스로 만들어 들여가는 것이 더 좋을 것 같아요. 음식을 상하지 않게 하거나 화장품 원료로도 사용할 수 있을 거예요."

유칼립투스 가로수 옆에 차를 세우고 장미 농장으로 들어섰다. 농장 관리인은 사전에 연락을 받지 못했다며 정문에서 제지했다. 그도 그럴 것이 사전에 방문 허가를 받으려면 절차가 복잡했다. 에티오피아에서 웬만한 일은 추천서가 있어야 통하는데 장미 농장에 가는데 누가 추천서를 발급해 주겠는가? 이번 장미 농장은 에티오피아의 아름다움을 찾기 위

장미를 수확하는 여자들
아디스아바바 근교에서 장미를 수확하는 여자들이 미소를 짓고 있다.

해 내가 특별히 부탁한 것이었다.

아디스아바바에서 남부로 가는 길에도 끝없이 비닐하우스가 벌판에 펼쳐졌다. 그곳에서 생산되는 것은 수출용 장미였다. 까다롭게 추천서를 요구하는 바람에 인도인 사장이 운영하는 장미 농장으로 발길을 돌렸다.

대규모 비닐하우스 안은 온통 장미 꽃밭이었다. 빨간색과 노란색 장미가 눈길이 미치지 않는 저 멀리까지 펼쳐져 있었다. 장미 사이를 움직이는 것은 벌이 아니라 오로모 족 여성들이었다. 그녀들은 장미를 자른 뒤 통에 담아 옮기는 일을 하고 있었다.

그런데 그렇게 수줍어 하는 여성들은 처음이었다. 그녀들은 이방인이 카메라를 꺼내자 얼굴이 장미보다 더 붉어지더니 꽃 사이로 고개를 파묻었다. 장미 바구니를 나르는 여성들도 고개를 숙이거나 꽃 뒤로 얼굴을 숨겼다.

수확한 장미들은 모두 집하장으로 모였다. 꽃송이를 색깔별로 구분 한 뒤 크기별로 나누면 출하 준비가 끝난다. 장미는 아디스아바바 시내에 공급되는 것도 있지만 주로 유럽으로 수출되었다. 네덜란드를 비롯한 유럽 각국에서 에티오피아에서 생산된 장미는 인기 있었다. 일부 장미는 일본까지 수출된다고 했다.

농장을 나오는데 장미 바구니를 옮기던 한 여자가 분홍색 장미 뒤에서 환한 미소를 지었다. '새로운 꽃' 아디스아바바에서 끝없이 펼쳐진 장미 물결은 눈이 부셨다. 게다가 장미를 수확하는 여성들의 얼굴 표정은 꽃보다 더 화사했다. 그녀들의 얼굴에서 기아와 가난이라는 그늘은 찾을 수 없었다. 아디스아바바는 지금 아름다운 꽃 장미로 세계를 향해 미소를 짓고 있었다.

로마 제국과 어깨를
나란히 했던 악숨 제국

에티오피아의 아름다움을 찾아 나섰지만 첫날부터 기대가 물거품이 되지는 않을까 하는 걱정이 들었다. 이번에는 가난에 가려진 아름다움을 찾겠다고 다짐했지만 따가운 오후 햇살에 도시는 말라갔다. 아디스아바바에서 나의 후각은 자동차 매연에 무감각해졌다. 직사광선에 노출된 도시의 한복판에서 과연 무슨 아름다움을 찾을 수 있을까 난감했다.

햇살에 녹아내리는 담장의 사금파리는 원래 세상의 안쪽과 바깥을 단절시키기 위해 꽂아 놓았지만 그 순간에는 두 세상을 이어 주는 듯 반짝거렸다. 그것은 세상과 단절되어 있으면서도 연결되어 있는 아디스아바바를 닮았다.

저녁 무렵 아디스아바바 시내에 독수리 한 마리가 숙소 지붕 뒤에서 쏜살같이 날아오더니 다시 바람을 타고 솟아올랐다. 해가 떨어지자 바로 서늘한 기운이 느껴졌다. 저녁 식사는 어디서 해야 할까. 북한 주체사상탑이 서 있는 거리를 지나 음식점을 찾아볼까 망설였다.

"그냥 떠나기 아쉬워 연락드렸어요."

그때 뜻밖의 선물처럼 저녁 초대를 받았다. 내일 오지로 떠나기 위해 짐을 꾸리던 한국인 목사 부부가 저녁 식사에 초대했다. 돼지고기와 함께 너구리 라면이 들어간 김치찌개는 매연에 마비된 후각을 자극했다.

아디스아바바 선교사 게스트 하우스
침대와 탁자뿐인 소박한 곳이다.

게다가 달걀 프라이와 상추쌈까지 곁들였으니 진수성찬이 따로 없었다. 돼지고기와 김치찌개 냄새에는 한국인의 입맛을 되살리는 비밀이 담겨 있는 모양이다.

식사를 마치고 나니 이제 겨우 오후 8시 40분이었다. 한국 시간으로는 새벽 3시였기 때문에 침대로 파고들었다. 내일 오전 7시 20분 악숨행 비행기가 오전 6시 40분으로 앞당겨졌다는 연락이 왔다. 새벽 4시 40분에는 일어나야 비행기 시간을 맞출 수 있었다.

에티오피아를 소개한 책을 아디스아바바 시내의 서점에서 구입했는데 지명부터 도통 알아보기 힘들었다. 교회의 옛 벽화는 모두 비슷해 보였다. 책을 수면제 삼아 눈을 붙였다가 다시 떴더니 겨우 밤 12시였다. 생체리듬이 시차 적응을 하지 못해 걱정이었다. 다시 잠을 청해 일어나자 새벽 2시였다.

'한국의 5배가 넘는 이 나라를 모두 보겠다는 욕심은 버리자. 한반도 남쪽도 미처 다 보지 못했는데 이 넓은 에티오피아의 구석구석까지 보겠다는 욕심을 내다니. 이렇게 에티오피아에 뛰어든 것 자체가 의미 있는 도전이잖아. 한곳을 보더라도 충분히 보자. 그리고 천천히 보자. 한 걸음

| 게스트 하우스 내 성냥과 초

씩 노력하는 수밖에 없잖아.'

이렇게 마음을 먹자 한결 편안해졌다. 잠들 때까지 창밖으로 울려 퍼지던 에티오피아 전통 노래도 깊은 잠에 빠진 모양이었다. 타악기의 흥겨움이 어깨를 흔들게 만들기도 하지만 자야 하는 시간까지 스피커를 통해 들려오는 음악 소리는 무척이나 고통스러웠다.

외국인 선교사들을 위한 게스트 하우스의 분위기는 수도원과 흡사했다. 건물은 흙벽돌과 목재를 이용해 지어서 아주 소박했다. 방 안에는 침대와 탁자만 있어 검소함 그 자체였다. 가로, 세로 각각 다섯 뼘과 두 뼘 반 정도 크기의 탁자 앞에 앉았다. 심지의 뿌리까지 타다 남은 초와 성냥이 놓여 있었다. 호기심에 'Greenlite'라는 상표가 붙어 있는 성냥을 꺼내 그었다. 성냥의 머리 부분이 벗겨지면서 떨어져 나갔다. 예전에 한국의 유엔성냥이 떠올랐다. 한 번 쏟으면 뒤죽박죽이 되고 날씨가 눅눅해지면 황이 떨어져 불을 켜기가 힘들었다. 그 성냥과 품질이 비슷했다. 다른 성냥을 꺼내 다시 그으니 겨우 불이 붙었다. 성냥불은 조금 뒤 숨이 끊어지듯 사라졌다.

"이 차가 30년도 더 된 차인데 아직도 쌩쌩하게 잘 나갑니다. 이 차로 아이들 교육을 시키고 집도 샀으니 우리 집의 보배이지요."

전날 예약했던 택시 기사는 새벽 시간임에도 불구하고 제시간에 와서 기다렸으며, 낡은 택시를 자랑스럽게 소개했다.

자동차들이 보이지 않는 새벽 공기는 상쾌했다. 오전 3시 50분에 일어나 볼레 국제공항으로 달려오니 탑승 수속을 밟을 시간은 충분히 남아 있었다. 공항의 전광판에는 신종플루 증세가 있는 사람은 신고하라는 안내문이 흐르고 있다. 공항 창 너머로 아디스아바바 시내가 아침 햇살에 발그스름하게 깨어나고 있었다.

악숨 가는 길의 고원
악숨으로 가는 길에는 마치 산 정상을 수평으로 자른 것처럼 평탄하게 생긴 독특한 지형이 이어졌다. 이곳에 주민들이 거주하는 마을과 농경지가 위치해 있다.

악숨으로 가는 하늘길 아래로는 끝없는 고원이 펼쳐졌다. 악숨행 비행기가 아디스아바바 시내를 벗어나 북쪽으로 기수를 틀자 대지 곳곳에는 신이 손가락으로 긁어낸 것처럼 생긴 계곡들이 모습을 드러냈다. 계곡 사이의 아침 안개는 태양을 피해 땅속으로 홀연히 사라지고 있었다.

신기하게도 에티오피아의 산 정상은 뾰족하지 않았다. 수평으로 자른 것처럼 평평해서 마치 탁자를 펴 놓은 듯한 독특한 지형이었다. 이곳에 사는 대지의 신은 징검다리 밟듯이 산을 밟고 계곡을 건너다니지 않았을까.

물줄기 하나 보이지 않고 변변한 숲도 없는 저 아래로 사람들이 모여 살고 있을 것이다. 태곳적부터 맨발로 오고 가며 길을 개척했을 이 땅의 주인공이었다. 문득 에티오피아의 전설적인 마라토너 아베베가 떠올랐다. 군인에서 세계적인 마라톤 선수가 됐던 아베베는 "나는 달릴 뿐이다."라고 말했다. 비행기 창문에 비친 내 모습이 보였다. 에티오피아의 아름다움을 찾는 것은 붉은 흙과 모래만 보이는 저 광야로 뛰어들어 홀로 마라톤에 도전하는 것처럼 무모해 보였다.

인간들은 탁자처럼 평평한 산 위에 마을을 만들었다. 천연 요새가 따로 없었다. 진입로를 제외한 정상 주변은 깎아지른 급경사를 이루고 있다. 그 모습이 판타지 영화의 등장하는 중세의 성처럼 보였다. 대지가 이렇게 신비한 모습을 띠고 있는 것은 4천만 년 전 대규모 지각 변동으로 지층이 융기했다가 침식 작용을 거쳤기 때문이다.

대지는 북쪽으로 갈수록 태양에 그을린 모습으로 바뀌었다. 이 거친 땅에 로마, 페르시아와 함께 고대 문명을 꽃 피운 도시 악숨^{Axum} 제국이 존재했었다니 믿어지지 않았다. 오늘날에도 산 위에 모여 사는 사람들의 보금자리는 아슬아슬해 보였다. 그때 비행기가 기수를 낮추기 시작했다. 실오라기 같은 물줄기가 계곡으로 합쳐졌다. 땅에 가까워질수록 산과 삭막한 언덕이 창밖으로 휙휙 지나갔다. 이러다가 설마 비행기가 저 깊은 계곡에 추락하는 것은 아닐까 불안했다. 비행기가 덜컹거리며 내려앉

악숨의 베이비 택시
오토바이를 개조해 만든 인도산 베이비 택시가 사람을 실어 나르며 아침을 열고 있다.

곳은 그야말로 황야의 벌판이었다.

악숨 공항은 한국의 시골 버스터미널 규모였다. 유럽의 여행객과 함께 내린 악숨 공항은 작아서 오히려 활기찼다. 짐을 찾기 위해 기다리는 곳은 스무 걸음밖에 되지 않는 작은 공간이었다. 공항을 나오니 바짝 마른 흙과 메말라가는 풀 그리고 천국의 빛깔을 닮은 파란 하늘이 펼쳐졌다.

숙소를 고민하다 호텔에서 나온 현지인을 만났다. 일상 탈출을 자축하기 위해 '엑소도스^{Exodus} 호텔'이라는 종이 팻말을 들고 있는 젊은이에게 다가갔다. 내일 공항으로 나오는 길에도 태워 주겠다는 제안에 그의 승합차에 올라탔다. 시내로 들어갔다가 다시 공항으로 돌아와야 하는 두 가지 고민거리가 한꺼번에 해결됐다.

악숨 제국의 역사는 분명하지 않지만 기원전 10세기부터라고 전해진다. 악숨 제국은 아라비아와 이집트, 인도에 상아와 금을 수출했고 유리 제품이나 철을 수입했다. 그들은 금화와 은화, 구리 동전을 사용했다. 그리스의 영향을 받아 동전에는 그리스 어와 악숨 시대 사람들의 고대어인 기즈^{Geez}를 함께 사용했다. 기즈는 현재 에티오피아 사람들이 사용하는 암하라 어로 발전했다. 암하라 어는 한글과 로마자 등과 함께 세계에서 몇 안 되는 문자로 알려져 있다.

악숨 제국은 점차 에티오피아 북부 지역으로 영토를 확대했다. 이자나 왕은 부하들을 이집트 국경과 소말리아, 홍해 건너 아라비아까지 보냈다. 이러한 사실은 이자나 왕 비문에 새겨져 오늘날까지 전해지고 있다.

악숨 제국의 위용은 고고학적인 발굴에 의해 서서히 면모를 드러내기 시작했다. 1906년 독일을 시작으로 프랑스, 영국의 발굴 팀이 사라진 악숨 제국의 비밀을 밝히기 위해 몰려들었다. 그때 발굴된 유물들은 현재 아디스아바바 국립 박물관과 악숨 박물관에 전시돼 있다.

악숨의 오벨리스크
기원전 10세기에 세워진 것으로 전해지는 악숨 왕조시대의 왕의 무덤 오벨리스크이다. 오벨리스크에 새겨진 문고리는 너무나 사실적이어서 금세 열릴 것만 같다.

그날 아프리카 땅에서 박수근 화백의 그림을 만난 줄 알고 깜짝 놀랐다. 화강암에 새겨진 문고리를 잡아당기면 스르르 문이 열릴 것만 같았다. 문고리가 사실적으로 새겨진 화강암은 오벨리스크였다. 오벨리스크는 악숨 왕조 시대의 왕의 무덤 위에 세워진 기념비였다. 큰 것은 무려 높이가 20m가 넘었다. 모두 하나의 돌을 깎아서 만들었다고 하니 놀라울 따름이었다.

왕들의 오벨리스크에 비해 평민들의 것은 훨씬 낮았다. 발굴 당시 오벨리스크 아래 지하에서는 왕이 쓰던 도자기와 동전이 발굴되기도 했다.

돌로 만든 오벨리스크도 세월의 무게를 이기지 못했다. 일부는 쓰러지고 몇 동강이 나 있었다. 끊어진 오벨리스크 사이로 독특한 문양이 햇살에 빛나고 있었다. 오벨리스크는 수백 명의 사람들과 코끼리가 밧줄로 잡아당겨 세웠다고 전해진다.

그리고 이곳의 오벨리스크는 유럽 열강들이 식민지 확장에 몰두했던 시절 이탈리아 군에게 강탈됐던 아픔을 간직하고 있었다. 무솔리니 군대는 오벨리스크를 뜯어 가서 로마 시내에 전리품으로 세워 놓았다. 식민지로 전락하는 순간 사람뿐만 아니라 문화재도 수난을 겪었던 것이다.

에티오피아 사람들은 독립한 뒤 식민지 시대에 빼앗겼던 문화재에 대한 반환을 줄기차게 요구했다. 이탈리아는 약탈한 문화재를 돌려줄 수 없는 이유를 에티오피아에 떠넘겼다. 에티오피아가 바다와 접해 있지 않아 선박 편으로 돌려주기 힘들다는 핑계를 댔다. 에티오피아는 바닷길은 막혔지만 하늘길이 열려 있지 않느냐고 반박했다. 그러자 이탈리아는 이렇게 큰 오벨리스크를 실은 비행기가 내릴 수 있는 공항 시설이 있느냐며 계속 반환을 거부했다. 에티오피아는 공항을 넓히기로 결정을 내렸다. 갖은 이유를 들며 오벨리스크를 돌려주기 어렵다는 핑계를 댔던 이탈리아로서는 국제사회를 의식해 침탈한 문화재를 내놓을 수밖에 없었다.

2005년 악숨 주민들은 나라를 빼앗기면서 잃어버렸던 오벨리스크가 악숨 공항에 모습을 드러내자 뜨겁게 환영했다. 러시아제 수송기가 오벨리스크를 싣고 악숨 활주로에 내리자 주민들은 서로 부둥켜안고 기쁨

| 평민들의 오벨리스크 사이에서 풀을 뜯는 가축들

'아프리카의 스위스' 에티오피아

을 나누었다. 그것은 단순한 돌덩어리가 아니라 에티오피아의 자존심이었다. 1937년 무솔리니에 의해 탈취됐던 오벨리스크가 비로소 제자리를 찾아 귀향한다는 의미가 있었다.

고대 로마와 견줄 정도로 번창했던 악숨 문명은 오늘의 에티오피아를 탄생시킨 문명의 시원이었다. 기아와 가난으로 어려움을 겪었지만 에티오피아 사람들은 시바 여왕의 후예답게 빼앗긴 문화재를 반환해 오기 위해 줄기차게 노력했다. 이 모습을 보니 문화재를 약탈했던 국가가 자국의 경비를 들여 본래의 위치에 돌려놓도록 하는 국제 법률이 필요하지 않을까 하는 생각이 들었다. 허나 현실은 식민지에서 강탈해 간 문화재를 박물관에 전시해 놓고 관광 수입을 올리고 있는 나라들이 세계를 지배하고 있으니 돌려주지 않으려고 핑계만 대고 있다.

오벨리스크 앞에서 나는 아주 작아졌다. 세계적인 무역 대국이라고 자부하는 한국은 근현대에 빼앗겼던 문화재를 정부가 제대로 찾아온 경우를 찾아보기 힘들었다. 뜻있는 국민이 잃어버린 문화재가 어디에 있는지 수소문하고 일반에 알리면 '외교적 마찰'을 내세워 뒷걸음질했다. 외교적 마찰은 문화재를 빼앗아간 상대방이 걱정을 해야지 문화재를 침탈당한 후손들이 걱정할 바는 아니었다. 한국의 공직자들은 국민들이 이런 문제를 제기하면 오히려 문화재를 빼앗아간 나라의 눈치를 보고 있는 실정이다. 직지심체요절을 되찾아오기 위해 프랑스의 테제베를 수입한 한국은 영구 임대하는 수준에서 겨우 모양새를 맞춰가고 있으니 문화재 반환에 있어서는 에티오피아 정부의 노력과 외교력에도 미치지 못하는 것이 아닐까.

악숨의 거리는 낭만적인 시바 여왕의 이야기로 넘쳐났다. 아프리카에서 처음 기독교 왕국을 세웠던 악숨의 후예들은 작은 돌덩어리에도 시바 여왕의 숨결을 불어넣고 이야기로 전해 왔다.

전설에 따르면 시바 여왕은 산 넘고 물을 건너 솔로몬 왕을 만나러 갔다. 시바 여왕을 품고 싶었던 솔로몬 왕은 여왕을 위한 만찬을 마련하고,

시온의 성 마리아 교회
서구에서 잃어버린 성궤가 보관돼 있다고 전해지는 시온의 성 마리아 교회는 오늘날에도 외부인의 접근이 철저히 통제되고 있다. 성궤는 성서의 십계명이 새겨진 석판을 간직하고 있는 전설의 상자를 말한다.

한 가지 꾀를 냈다. 만약 시바 여왕이 따로 잠을 자다 물을 마시면 자신의 청을 들어줘야 한다는 것이었다. 솔로몬 왕은 음식을 짜게 만들어 시바 여왕이 갈증나게 만들었다. 여왕은 한밤중에 떠 놓은 물을 벌컥벌컥 들이마시고 솔로몬 왕의 청을 들어주어 사랑을 나누었다. 그리고 두 사람 사이에서 메넬리크 1세가 태어나 악숨 제국을 세웠다고 한다.

에티오피아 사람들은 서구에서 아직도 찾아 헤매는 성궤가 바로 악숨에 있다고 믿고 있었다. 그 잃어버린 성궤는 십계명을 담아 뒀던 전설 속의 나무 상자였다. 성궤가 보관돼 있다는 교회는 외부인들의 접근을 철저히 차단한 채 신비감에 싸여 있었다.

"저곳은 아무도 출입을 할 수 없는 곳입니다. 대신 다른 곳을 보여 드리겠습니다."

나이 든 집사가 데려간 곳은 옛 시온의 교회였다. 굳게 자물쇠가 잠긴 대문은 바오밥 나무로 만들었다고 한다. 요즘 악숨에서 바오밥 나무는 찾을 수가 없었다. 교회 안에서 성자들이 잠깐 커튼을 젖히고 성화를 보

악숨 교회의 성화
악숨의 옛 교회에 남아 있는 성화는 성경의 이야기를 소재로 그려졌다.

여 줬다. 만화경처럼 천연색들의 성화가 보였다가 사라졌다. 성화의 내용은 마리아와 관련된 내용으로 보였으나 잘 알 수 없었다.

인근에 셀라시에 황제가 새로 지은 교회에는 현대판 성물이 있었다. 그것은 염소 500마리의 가죽으로 만든 성경책이었다.

햇살이 강해지는 오후 시바 여왕의 흔적을 찾아 다시 길을 떠났다. 도심을 빠져 나와 포장되지 않은 도로를 달리자 돌무더기가 등장했다. 시바 여왕이 살았던 궁전이라고 했다. 능숙한 석공이 최근 복원한 것으로 보이는 돌벽 사이를 지나면서 현지인 가이드는 그곳이 빵을 굽던 부엌과 만찬 장소라고 소개했다. 시바 여왕의 궁전이라고 믿기에는 무엇인가 부족해 보였지만 이야기를 만들기 위해 애쓰는 노력만은 인정해야 할 것 같았.

사실 정감이 더 갔던 곳은 시바 여왕의 궁전 바로 건너편의 옛 오벨리스크였다. 일반인들의 오벨리스크가 서 있는 그곳에 모자를 쓴 소년이 앉아 꼼짝하지 않고 나를 바라보고 있었다. 소년의 발 아래에서는 떼프^{Teff}가 익어 가고 있었다. 떼프는 에티오피아의 잡곡이다. 무릎 높이까지 자란 떼프에서는 좁쌀과 같은 곡식을 얻을 수 있다. 떼프를 갈아서 주식인 인제라를 만들었다.

소년의 어머니는 옛날 누군가의 무덤으로 쓰였을 법한 오벨리스크 옆에서 땔감을 모으고 있었다. 땔감은 소똥이었다. 시바 여왕의 궁전은 잘 다듬어져 있었지만 소년과 그의 어머니만큼 생명력이 느껴지지는 않았다.

악숨 제국의 칼렙^{Kaleb} 왕을 만나러 올라가는 길은 자갈밭이었다. 칼렙 왕은 6세기에 아라비아 남서부까지 정복했던 인물이었다. 그의 무덤은 돌을 다듬어 지하에 만들었다. 돌과 돌 사이는 빈틈이 없을 정도로 정교했다. 현지인 가이드는 전기 스위치가 고장 났다며 손으로 전깃줄을 이어서 전등을 켰다.

악숨 왕조의 후예들은 칼렙 왕의 무덤에서 내려다보이는 저 아래 벌판에서 역사에 빛나는 승리를 거뒀다. 에티오피아 군대는 1896년 아드와에서 침략군 이탈리아를 물리쳤다. 이 지역은 우리의 청산리 대첩에 버금가는 승전보를 에티오피아에 전했던 곳이다. 제나위 수상도 이 고장 출신이었다. 그에게 황량한 곳에서 악숨 문명이 꽃피었던 이유를 물었다.

"거친 자연환경이 인물을 만들어 내는 법이지요. 거친 곳일수록 단단한 재목이 나오지 않습니까."

돌밭 길을 다시 내려가자 저수지가 나타났다. 주민들은 시바 여왕의 목욕탕이라고 불렀다. 목욕탕이라고 하기에는 너무 넓고 여왕의 흔적도 찾기 힘들었다. 오늘날에는 마을 아이들과 아낙네들이 노란 플라스틱 통을 이고 와서 물을 길어 가는 곳이었다.

오벨리스크 주변에서 땔감으로 쓰이는 가축의 배설물을 모으고 있다.

'아프리카의 스위스' 에티오피아

시바 여왕의 목욕탕에서 식수를 뜨는 사람들
시바 여왕의 목욕탕은 너무 넓어 저수지에 가까웠다. 주민들은 이곳에서 식수로 쓰는 물을 길어 간다.

마을 아이들은 악숨 삼거리의 큰 나무 아래에서 타이어를 굴리며 뛰어 놀고 있었다. 도로에서는 인부들이 정육면체로 다듬은 돌을 인도에 하나씩 깔았다. 콘크리트로 길을 도배하는 대신 다듬은 돌을 깔면 빗물이 스며들어 좋을 것 같았다. 마을의 전통 시장에서는 소금 덩어리와 전통 옷, 마른 고추, 물통, 매트리스, 향신료 열매가 거래되고 있었다. 살충제를 파는 가게 앞에서도 아이들은 천진난만하기만 했다.

저녁 식사를 한 뒤 올려다본 밤하늘은 별 밭이었다. 저녁 7시가 조금 넘은 시간 밤하늘의 별은 악숨을 향해 쏟아질 듯했다. 이날 오전 호텔 로비에서 커피를 끓이던 숯불처럼 별빛이 이글거렸다. 저렇게 빛나는 별빛은 최근 본 적이 없었다. 별빛이 사라져 버린 도심에서 살아온 탓이었다.

잠이 오지 않아 호텔 옥상으로 올라갔다. 삐거덕거리는 철문을 열자 건축 현장이 나타났다. 호텔 주인은 2층까지 짓고 나서 돈을 벌면 3층을 짓기 위해 철근만 세워 놓았다. 카메라를 열어 놓고 남반구의 밤하늘을 쳐다보았다. 철근 사이로 별들이 가물거렸다. 오벨리스크를 세웠던 악숨 제국 시대에는 별빛이 더 찬란했을 것이다. 불빛이 새어나오는 마을에서는 가족들의 이야기 소리가 도란도란 흘러나왔다. 가난한 사람들의 지붕 위로 별빛이 스치고 지나갔다.

그런데 새벽에 방안이 너무 환해 눈을 떴다. 창문으로는 달빛이 쏟아져 들어오고 있었다. 침대 위로 떨어지는 달빛을 뒤로하고 다시 눈을 붙

악숨 시장의 모습
악숨 시장에서 거래되는 소금덩어리(위)와 화려한 공예품(아래)이다.

'아프리카의 스위스' 에티오피아

악숨 밤하늘의 별빛
악숨 제국이 돌로 거대한 오벨리스크를 만들었다면 요즘 에티오피아 사람들은 철근으로 현대식 건물을 짓고 있다. 지금도 증축 중인 호텔 옥상 위로 남반구의 별이 흐르고 있다.

였다. 깨어 보니 새벽 5시였다. 이슬람 사원에서 새벽 기도소리가 맑게 울려 퍼지고 있었다. 부녀자들은 파르스름한 아침 기운이 살아 있는 언덕길을 향해 마치 연어 떼처럼 오르기 시작했다. 오토바이를 개조해 만든 인도산 베이비 택시도 주민들을 실어 나르며 아침을 열고 있었다.

별빛이 밤새 내려앉았던 호텔 옥상에서는 철근들이 실체를 드러냈고, 저 멀리 바위산 주변의 새벽 하늘이 붉어지기 시작했다. 말 한 필이 끄는 수레는 황금빛 햇살을 가득 싣고 악숨의 영화가 서려 있는 골목길로 사라졌다.

그날 악숨 공항에서 짐 검사를 하던 여자 직원이 헐레벌떡 다가왔다.
"이 짐의 주인이 맞습니까?"
짐 내부를 들여다보는 엑스레이 모니터에는 대인 지뢰처럼 생긴 금속 물체가 포착돼 있는 것이 아닌가! 어떻게 내 가방 안에 저런 무기가 들어 있는 것인지 깜짝 놀랐다. 하지만 짐을 직접 본 여직원은 웃고 말았다. 그것은 음식이 입에 맞지 않을 경우에 대비해 가지고 온 참치 캔이었다. 자신의 임무에 충실한 그녀에게 알사탕 하나를 건넸다.

천사가 바위 속에 만든 랄리벨라

프로펠러 비행기가 황량한 구릉 사이로 내려앉았다. 예정 시간보다 40분 늦게 악숨을 출발한 비행기의 출입문이 열리자 활주로의 더운 열기가 얼굴을 덮쳤다. 그런데 공항 주변에서 떠들썩한 소리가 전혀 들려오지 않았다. 공항이 너무 조용하다 보니 납치당한 비행기가 허허벌판에 착륙한 것처럼 느껴졌다.

아프리카라고 하지만 택시가 전혀 없는 공항은 처음이었다. 시내로 들어갈 수 있는 일반 교통수단은 아무것도 없었다. 시골 호텔에서 나온 미니버스 한 대에 10여 명이 몰려들었다. 호텔 가이드는 자기네 호텔로 가는 사람이 아니면 태워 줄 수 없다고 배짱을 부렸다. 먼 한국에서 온 여행객이라고 하소연하자 "한국의 태권도를 알아요. 이렇게 하는 거 아닌가요?"라며 어설프게 태권도 흉내를 냈다. 이 젊은이에게 고마워해야 할 것인지, 한국의 태권도에게 감사해야 할 것인지 혼란스러웠다.

안내책자에 랄리벨라^{Lalibala}는 해발 2,600m에 자리 잡고 있다고 나와 있었는데 고도계는 2,200m를 가리키고 있다. 책자가 잘못된 것일까, 고도계가 고장난 것일까. 바위투성이 야산

랄리벨라 공항
승객을 내려놓은 프로펠러 비행기가 랄리벨라 산골 공항 활주로를 이륙하고 있다.

'아프리카의 스위스' 에티오피아 147

| 랄리벨라로 가는 길
산 정상으로 이어지는 길이 랄리벨라로 가는 길이다.

에는 아주 작은 나무들이 띄엄띄엄 있었다. 한계령처럼 높은 고개에 차 한 대가 걸려 있는 까닭이 궁금했다. 말라 가는 강바닥에서는 소들이 한가롭게 목을 축이고 있고, 길은 구불구불 계속 앞으로 이어졌다.

나중에 알고 보니 산꼭대기에 차가 있던 곳은 랄리벨라로 가는 길이었다. 천상으로 올라가듯 아찔한 낭떠러지를 따라 길이 펼쳐졌다. 하지만 풍경이 너무 아름다워 스페인에서 온 젊은 커플을 포함해 너도나도 카메라를 꺼내들었다. 스페인 젊은이는 남미를 여행하고 돌아오는 길이라고 했다.

"추워요. 창문을 닫아 줘요."

열기가 느껴지는 차 안에서 이런 주문을 한 것은 이방인들이 아니라 랄리벨라 청년들이었다. 아무리 더워도 얼음물보다는 그냥 물을 더 좋아하고, 창문을 여는 것을 싫어한다니 알 수 없는 노릇이었다. 흰색 전통 옷을 입은 주민들이 하나둘 등장하기 시작하더니 도로를 가득 메웠다.

산비탈에는 양철지붕을 인 주택들이 늘어서 있다. 가장 높은 고갯길을 넘자 랄리벨라의 중심지가 활짝 열렸다. 형편상 100비르Bir짜리 숙소에 짐을 풀었다. 1비르는 우리 돈으로 120.5원 정도이다. 가이드를 자청한 청년이 유적지를 안내하는 대가로 400비르를 요구했다. 우리 돈으로 만원이 조금 넘는 방 값에 4배가 넘는 가이드 비용은 감당하기 어렵다고 거절하자 200비르로 값을 내렸다.

암굴교회로 들어가는 입구에서 몸 수색을 하는 모습
랄리벨라 매표소는 공항 입국 심사대처럼 몸수색을 했다. 암굴교회 자체가 세계적인 문화 유적이기 때문이다.

점심시간이 지난 탓에 세븐 올리브 호텔에서 샌드위치를 주문했다. 푸짐한 36비르 샌드위치에 한국에서 가지고 간 볶음고추장을 곁들이니 뒷맛이 깔끔했다.

랄리벨라 암굴교회 관광안내소는 몸수색부터 했다. 공항의 입국 심사 요원처럼 두 팔을 벌리라고 한 뒤, 의심나는 것이 없는지 꼼꼼하게 확인했다. 고대의 교회로 들어가는 길에 몸수색을 당하기는 처음이었다. 가방과 몸을 구석구석 조사하고서야 300비르짜리 입장권을 살 수 있었다.

그리스 양식으로 지은 메드하네 교회를 보는 순간 갑자기 비트가 떠올랐다. 비트는 북한의 무장간첩들이 침투했을 때 숨어 있던 은신처였다. 1980년대까지 최전방에 주둔하는 한국의 군인들이 겨울철에 땅을 파고 매복 작전을 벌인 곳도 비트와 구조가 비슷했다. 나무와 풀을 얹어 겉에서 보기에는 평평했지만 내부는 웬만한 사무실 공간보다 넓었다. 하지만 농부들에게 이러한 공간은 골치덩이었다. 건장한 군인들이 파 놓은 훈련장을 농부들은 매년 봄마다 다시 삽으로 메워야 하는 일이 반복됐다. 그러나 요즘에는 비트와 비슷한 구조물을 더 이상 만들지는 않는다.

비트를 떠올린 것은 지하 인공 구조물 때문이다. 랄리벨라의 교회는 바위를 수직으로 파내려 가는 방식으로 지어졌다. 교회의 벽과 기둥, 지붕이 하나의 돌을 파서 만든 웅장한 건축물이어서 세계 자연문화유산으

'아프리카의 스위스' 에티오피아 149

세계 8대 불가사의 기오르기스 지하교회
바위를 십자가 형태로 파서 하나의 건축물로 지었다.

그리스 양식으로 만든 메드하네 교회
메드하네 교회는 그리스 양식을 본떠 만든 것으로 바위를 지하로 파서 교회를 만든 솜씨가 놀랍다. 지하의 교회를 보호하기 위해 최근 설치한 대형 덮개는 실내 운동장 지붕이나 비트의 구조물을 연상하게 했다.

로 보호를 받고 있었다. 하지만 비바람에 노출된 교회를 보호한다는 취지에서 커다란 구조물을 씌운 것이 눈에 거슬렸다. 마치 실내 체육관처럼 보이기도 했다.

랄리벨라 교회는 모두 신발을 벗은 뒤 들어가야 했다. 덕분에 하루 종일 발을 조이는 신발끈을 잠시 풀어 놓을 수 있었다. 얼마나 많은 사람들이 왔다 갔는지 발을 딛는 디딤돌과 입구가 얼음판처럼 미끄러웠다. 오랜 세월 수많은 사람들이 성지 순례처럼 찾다 보니 돌까지 닳아 버린 것이었다.

맨발로 들어가야 하는 랄리벨라 암굴교회
신발을 벗고 들어가는 랄리벨라 암굴교회에서 사람들은 하루 종일 발을 조이던 신발끈을 풀었다.

때로는 유적 그 자체보다 이를 바라보는 사람들의 모습이 더 아름답다. 기오르기스 교회를 카메라에 담는 순례객의 모습은 누군가와 대화를 나누는 것처럼 보였다. 그들은 손가락으로 기계 장치를 누르는 것이 아니라 바위 속에 숨어 있는 영혼을 눈으로 불러들이고 있었다.

십자가 형태로 지하의 돌을 파서 만든 기오르기스^{Giorgis} 교회는 세계 8대 불가사의라는 명성에 걸맞은 지하 건축물이었다. 지상으로 머리를 살짝 드러낸 십자가 건물은 저 멀리 떨어진 세상으로 건너가기 위한 디딤돌 같았다. 하나의 바위를 파서 계단과 입구, 내부 공간을 만든 이는 인간이 아니었을지도 모른다. 인간의 솜씨로만 보기에는 돌을 다루는 솜씨가 너무 정교해 전설에 귀를 쫑긋할 수밖에 없었다.

악숨 왕조 이후에 등장한 옛 자그웨^{Zagwe} 왕조에서 있었던 일이라고 한다. 랄리벨라의 어머니는 어느 날 벌에 둘러싸여 행복한 모습으로 요람에 누워 있는 아기를 발견했다. 어머니는 아이가 장차 왕이 될 것이라고 생각해 랄리벨라라고 부르기로 했다. 랄리벨라는 '벌들이 왕이 될 것을 알려준다'는 뜻이었다. 그런데 랄리벨라의 형인 하베이는 이 소식을 듣고 질투심에 몸을 부르르 떨다 동생을 죽이기로 결심했다. 독약을 먹은 랄리벨라는 사흘 동안 혼수상태에 빠지게 됐다. 이때 천사들이 어린 왕자를 하늘나라로 데려갔는데 하느님은 다시 고향으로 돌아가 지금까지 본 적이 없는 교회를 지으라는 명령을 내렸다. 하느님은 교회를 어디에, 어떻게 짓고 꾸밀 것인가에 대해서도 상세히 일러 주었다.

형은 동생이 다시 깨어나자 잘못을 뉘우치고 왕좌에서 물러났다. 랄리벨라는 왕위에 오르자 전국의 석공과 목수를 모아 교회를 짓기 시작했다. 교회 건설은 빠른 속도로 진척됐다. 밤이 되면 천사들이 와서 일을 도왔기 때문이었다.

랄리벨라의 교회들은 기독교의 성지 예루살렘의 지명을 따서 붙였다. 랄리벨라의 요단강을 건너 올라가 만나는 또 하나의 교회에는 금으로 만든 유명한 십자가가 있었다. 성직자는 예로부터 전해져 오는 십자가를 하루 종일 관광객들에게 보여 주고 있었다. 재미있는 것은 성직자가 어두운 암굴교회에서 선글라스를 쓰고 있다는 점이었다. 그것은 관광객들이 터

십자가를 보여 주고 있는 성직자
관광객들의 카메라 플래시로부터 눈을 보호하기 위해 지하에서 선글라스를 쓰고 있다.

지하 통로로 이어진 암굴교회
랄리벨라의 암굴교회는 지상에서는 전혀 보이지 않는다. 바위를 통째로 파서 지하에 만든 교회는 거미줄처럼 지하 통로로 연결돼 있다.
유럽에서 온 관광객들이 바위를 파서 만든 암굴교회의 아름다움에 넋을 잃고 바라보고 있다.

트리는 카메라 플래시로부터 눈을 보호하기 위한 고육지책이었다.

"플래시는 절대 사용하지 않을게요."

번갯불 같은 섬광을 터트릴 플래시가 없다는 것을 확인하고서야 성직자는 선글라스 뒤로 감추었던 얼굴 모습을 조심스럽게 드러냈다. 스트로보 세례를 피하느라 애쓰는 그가 우습기도 하고 애처롭기도 했다. 하지만 어둠 속에서 동공이 확장된 그에게 관광객들이 매일 무심코 터트리는 불빛은 시력을 뺏어갈 수 있는 치명적인 무기일지도 모른다.

다시 천사가 하룻밤에 만들었을지도 모르는 미로를 따라갔다. 이번에 나타난 것은 임마누엘 교회였다. 역시 지상에서는 눈에 띄지 않도록 바위를 파내려가 만든 건축물이다. 교회를 만든 이들은 종교를 지키기 위해 세상과 단절된 곳으로 모여들어 눈에 띄지 않는 땅 속에 성지를 건설했다. 그리고 교회를 잇는 통로를 지하로 연결시켰다.

아직도 옛 모습 그대로 수도사들이 거주하는 공간을 지나자 다섯 살 안팎으로 보이는 아이들이 몰려왔다. 아이들은 언제 배웠는지 관광객을 상대로 연필을 달라는 등의 간단한 영어 단어를 옹알거렸다.

갈증을 풀기 위해 들어간 가게에는 온 동네 젊은이들이 다 모여 있는

'아프리카의 스위스' 에티오피아

것 같았다. 가게의 텔레비전이 마을 사람들을 끌어 모은 모양이었다.

아프리카 오지의 성지도 빠른 속도로 문명세계를 받아들이고 있었다. 마을에는 인터넷 카페가 6~7곳이나 들어섰다. 어느 구멍가게에는 한국에서 생산된 껌까지 진열돼 있다.

해질 무렵 마을 어귀에 소녀들이 등장했다. 먼 곳에서 귀한 물을 길어오는지 소녀들은 노란 물통을 중간에 서로 교대하면서 끈을 놓치지 않기 위해 힘껏 물었다. 그리고 물통과 몸을 다시 끈으로 동여맸다. 저녁 햇살을 받아 소녀들의 미소가 환하게 빛났다. 소녀들이 물통을 지고 집으로 돌아간 뒤에도 그 미소는 내 가슴 속에서 사라지지 않았다.

고갯마루에 자리 잡은 마을에 갑자기 바람이 거세지기 시작했다. 해가 지면서 공기의 흐름이 뒤바뀐 것일까. 저 아래에서 시작된 바람은 고갯마루를 넘어갈 때 모래바람으로 돌변했다. 강풍에 떠밀려 숙소로 들어왔지만 양철 지붕과 창문까지 심하게 흔들리는 것이 심상치 않다. 게다가 화장실 문은 바람에 계속 열렸다 닫혔다. 그때마다 바람이 얼굴로 쏟아졌다.

"문이 틀과 안 맞아 도무지 닫히지가 않네요!"

숙소에서 일하는 20대 초반의 종업원은 손으로 몇 번 만져 보더니 내일 아침에 고쳐 주겠다고 대수롭지 않게 대답했다. 내일 새벽에 떠날 사람에게 전혀 도움이 되지 않는 말이다.

"그럼 못과 끈은 있나요?"

못과 끈으로 화장실 문을 고정시켜 달라고 하자 그는 니퍼로 대충 못을 박기 시작했다.

"그만하세요. 문틀의 흙이 다 떨어질 것 같잖아요."

물통을 진 소녀
무거운 물통을 떨어뜨리지 않으려고 끈으로 동여매고 집으로 향하고 있다.

문틀 사이에서 시멘트 조각과 흙이 쏟아져 내렸기 때문에 어쩔 수 없이 그만 두라고 했다. 잠자리까지 흙으로 뒤덮을 수는 없었다. 종업원은 작업을 멈추고 문고리에 노란 고무 밴드를 살짝 걸어 놓았다. 바람이 세게 불면 끊어질 듯 팽팽하게 늘어났다. 바람의 위세에 눌려 방을 날아다니던 파리들도 벽에 붙어 꼼짝하지 않았다. 바닥에 기어 다니는 게 말라리아모기인줄 알았는데 다행히 하루살이 종류였다. 그리고 천정에는 벌집 같은 것도 매달려 있었다. 이 방은 마치 생태계의 보고라도 된 듯했다. 숙소 벽에 걸린 그림 한 점이 나를 내려다보고 있었다. 나무 막대에 끈을 묶어 틀을 만든 뒤 가죽에 그린 그림이었다.

숙소 벽에 걸린 그림
숙소 벽에 걸린 그림에 태양과 사람의 얼굴이 그려져 있다.

　바람이 잠잠해진 뒤 거리로 다시 나갔다. 집집마다 숯불을 피워 놓고 커피를 끓이는 모양인지 향기가 골목으로 흘러 나왔다. 빈속으로 하룻밤을 버틸 것이 걱정됐다.

　간단한 먹을거리를 찾아 헤매다 숙소 건너편 골목 안에 있는 구멍가게를 발견했다. 가게 여주인은 여동생과 숯불에 커피를 끓여 마시다 손님을 맞았다. 컵라면을 먹을 수 있는 뜨거운 물을 부탁했더니 여주인은 주전자에 1.5리터짜리 생수를 따라 부었다.

　여주인은 오지에서 구멍가게를 운영하고 있었지만 총명해 보였다. 이방인들이 와서 찾을 법한 물품들을 진열장에 고루 비치해 놓았다. 물건 종류는 인도네시아 라면에 겨드랑이에 뿌리는 탈취제까지 다양했으며 가격은 아디스아바바보다 저렴했다.

　여주인은 한국의 방송을 본 적이 있다고 말을 걸었다. 여행 기간 내내 일본인이냐, 중국인이냐는 질문만 받다 한국 방송을 시청한 원주민을 만나다니 너무 반가웠다. 여주인은 위성 방송을 통해 한국의 방송을 접한 모양이었다.

"텔레비전에서 한국을 본 적이 있어요. 하지만 우리 아들은 아직까지 한국인을 직접 만난 적이 없답니다."

여주인의 아들 이름은 아벨이었다. 여주인을 닮아 아벨도 똑똑해 보였다.

워어어억, 워어어억.

개들의 울음소리가 새벽 공기를 길게 갈랐다. 늑대 울음소리와 비슷한 짐승의 울음이 들려오자 마을의 개들은 일제히 목놓아 짖어 댔다. 옆방의 젊은 커플도 개들의 울음소리에 깨어나 이야기를 나누고 있었다. 개들의 울음은 해뜨기 직전까지 계속됐다. 발목이 시큰거리고 온몸에 한기가 느껴져 이불 속으로 몸을 움츠렸다. 그때마다 삐그덕거리는 낡은 침대의 고통이 이어졌다.

마침내 창문 너머로 아침이 밝아오기 시작했다. 늑대와 개의 울음소리가 사라진 마을에는 새소리가 맑게 울려 퍼졌다. 비릿한 꽃향기는 흙냄새와 함께 코끝을 자극했다. 오염되지 않은 자연의 소리와 향기는 지금 이 순간 혼자만이 만끽할 수 있는 행복이었다. 기분이 좋아져 만나는 마을 사람마다 "굿모닝"을 외쳤다. 랄리벨라 주민들은 모두 "굿모닝"하며 반겨 줬다.

"저는 파르크를 좋아해요."

이게 도대체 무슨 소리인가. 어제 노을 속으로 사라진 소녀를 떠올리며 마을 어귀에서 혼자 산을 오르고 있는데 10대 젊은이가 나타났다.

알고 보니 파르크^{Park}는 영국에서 뛰고 있는 한국의 박지성 선수를 말한 것이었다. 그는 마을이 훤히 내려다보이는 전망 좋은 산꼭대기로 길을 안내했다. 랄리벨라 유적지와 마을을 뒤덮었던 안개가 물러나고 있었다.

"저는 커서 파르크처럼 되고 싶어요. 꼭!"

랄리벨라의 상쾌한 아침
햇살이 쏟아지는 랄리벨라 거리에서 여인이 가족의 아침식사를 준비하고 있다.

마을 축구단에서 뛰고 있다고 소개한 소년의 가슴에는 박지성 선수와 같은 사람이 되고 싶다는 꿈이 꿈틀거리고 있었다. 중국인과 일본인이 많이 스쳐 갔지만 한국인은 보기 드물었던 에티오피아 오지에서 소년이 꿈꾸는 미래가 한국의 박지성이라는 것이 자랑스러웠다. 한국인도 누군가의 꿈이 되는 시대가 온 것이다.

　소년과 정상에서 헤어져 내려오는 길은 거의 미끄럼틀 같았다. 비탈길을 기듯이 내려가고 있는데 지나가던 목동 아저씨가 지팡이를 건네주었다. 그는 지팡이 없이도 날아가듯 앞장서 내려갔다. 지팡이 덕분에 무사히 내려왔지만 다리가 후들거렸다. 산비탈에서 넘어지지 않고 내려온 스스로가 대견했다. 그리고 전혀 모르는 외지의 사람에게 자신의 지팡이를 선뜻 내준 아저씨가 참 고마웠다. 이곳이 비록 관광지이지만 아직까지 사람들이 착하고 순박했다. 랄리벨라에서는 사람의 손으로 만들었다고 믿기 어려운 암굴교회도 인상적이었지만 따뜻한 사람들을 만날 수 있어 행복했다.

　랄리벨라 공항으로 가는 미니밴은 숙소마다 들려 방문객들을 가득 태

| 도로를 가로지르는 소떼들

왔다. 다양한 나라에서 온 13명의 여행객들은 한 차를 타고 이동했다. 마을 아낙네들은 개울 가에서 빨래를 하고 소들은 여유롭게 풀을 뜯고 있었다. 빨래터에 한번 내려가 보고 싶었지만 차는 털털 거리며 계속 달렸다. 이곳에서도 길은 소떼와 목동도 함께 사용했다. 차만 쌩쌩 달리던 나라에서 살다보니 이런 풍경이 한없이 정겹게 느껴졌다.

BBC가 전하는 비무장지대
랄리벨라 공항에서 곤다르행 비행기를 기다리던 시간 BBC에서 비무장지대에 관한 뉴스를 전하고 있다.

곤다르행 프로펠러 비행기를 기다리는데 유럽에서 온 관광객들이 텔레비전을 보고 있었다. 텔레비전은 아주 익숙한 풍경을 전하고 있었다. 그것은 철책선과 철조망, 중무장한 군인들, 총알이 튀어나올 듯 위협적인 총구였다. 그것은 에티오피아로 떠나오기 전에 내가 살던 최전방 지역 비무장지대의 모습이었다. BBC는 독일 통일 20주년을 맞아 아직도 전쟁이 끝나지 않은 한반도의 비무장지대를 보여 주고 있었다. 기자는 한국이 아직까지 분단 상태로 남아 있는 상황을 보도했다. 아프리카 땅에서 한반도의 뉴스를 접하고 나도 한참 동안 텔레비전에서 눈을 떼지 못했다. 비무장지대를 지키고 있는 어린 소대장의 눈빛이 여운을 남겼다.

"저게 제가 사는 나라의 상황입니다. 안타까운 현실이지만……."

"오, 저런."

여행객들의 눈길이 내게로 쏠렸다.

BBC가 똑같은 리포트를 두 번이나 반복한 뒤에야 곤다르행 비행기가 도착했다. 창밖으로는 나무들이 띄엄띄엄 서 있는 사바나 풍경이 펼쳐졌다. 하지만 내 눈앞으로는 비무장지대의 철조망과 오성산 자락이 파노라마처럼 스쳐 지나갔다. 그곳은 한국 전쟁에 참전했던 에티오피아 각뉴 부대가 전투를 벌이던 곳이었다. 전쟁으로 상처받은 내 나라의 북쪽 끝 마을 비무장지대가 그리워졌다.

아프리카에서 만난
신비의 궁궐

성채로 들어가는 매표소를 찾아가는 길은 미로처럼 느껴졌다. 처음에는 성이 도심에 섬처럼 자리를 잡고 있어 쉽게 입구를 찾을 줄 알았다. 현지인들은 오른쪽으로 돌아가든, 왼쪽으로 가든 비슷하다고 일러 주었다. 그래서 성을 감싸듯 오른쪽으로 열린 길을 따라갔다. 도로변 문구점에는 노트와 연필이 진열되어 있었다. 학용품으로 가득한 문구점이 많다는 것은 그만큼 도시가 살아 있다는 증거이다.

"돌아가세요. 여기는 입구가 아니라 출구예요!"

그 다음의 문도 마찬가지였다. 대체 출입문은 어디에 있는 것일까. 길 옆에서 바라본 성채는 웅장해 보였다. 마침내 찾아낸 성문으로 들어서자 매표소에서 직원이 손님을 맞았다.

"이 중에 어느 코스를 선택하겠습니까?"

몇 개의 코스 가운데 선택해서 표를 끊을 수 있다는 말이었지만 처음 오는 사람에게는 별 도움이 되지 않았다. 100비르짜리 표를 사서 입장하니 동화 속 그림 같은 궁전이 펼쳐졌다. 영화의 무대로도 손색이 없는 난간에서는 당장 왕이 등장할 것만 같았다. 이곳을 유럽의 관광객들이 아프리카의 카멜롯이라고 부르는 것이 딱 들어맞았다. 이런 궁궐은 사하라 사막 이남에서 유일하다고 했다.

황궁 지역 파실게비
곤다르 역대 황제들이 거주했던 황궁 지역은 파실게비라고 불린다.

    흙집에 살며 수렵과 채집 생활을 하는 원시인들이 사는 땅으로 여겨졌던 아프리카에 이런 궁궐이 존재했다는 것은 유럽인들에게 놀라움이었을 것이다. 세련되면서도 품격이 있는 성이었다. 1700년 이곳에 도착했던 스코틀랜드의 탐험가 제임스 브루스의 억울한 심정을 이해할 수 있었다. 그가 고향에 돌아가 아프리카에 엄청난 궁궐이 있다고 말을 했더니 아무도 믿어 주지 않았다고 한다. 우리나라에서도 사정은 다를 게 없다. 에티오피아로 여행을 간다고 하니 모두의 얼굴에 걱정하는 표정이 역력했다. '유럽이나 가까운 동남아시아도 아니고 굳이 거기까지 갈 필요가 뭐냐!'는 듯한 표정이었다.

    이 성은 파실리다스^{Fasillidas} 황제가 그의 재임 초기인 1632년에 짓기 시작했다. 하지만 곤다르 성채에는 슬프게도 화약 냄새가 배어 있었다. 에티오피아 동부 하라의 지도자 그란은 기독교 왕국에 조공을 거부하고 전

| 아프리카의 신비로운 파실라다스 성

쟁을 선포했다. 이슬람 군대가 진격해 오자 황제는 기독교 국가였던 포르투갈에 도움을 요청했다. 머스킷 총과 대포로 무장한 군대를 이끌고 등장한 인물이 바로 탐험가로 유명한 바스코 다 가마의 아들 크리스토퍼 다 가마였다. 신식무기에 패배한 그란이 죽음을 맞고 포르투갈 군대는 승자로서 주둔하게 됐다. 하지만 예수회를 신봉했던 이들은 로마 교황의 우위를 인정하지 않는 에티오피아 기독교인들을 개종시키기 위한 선교 활동에 들어갔다. 황제까지 개종될 위기에 처하자 에티오피아 정교회는 군대를 동원하기에 이르렀다. 결국 황제는 스스로 물러나면서 아들에게 자리를 넘겨줘야 했다. 이렇게 등극한 파실리다스 황제는 포르투갈 군대를 몰아내고 수도를 곤다르로 천도했다. 그리고 에티오피아의 힘을 만천하에 보여 주기 위해 궁궐 건축에 들어갔다. 천도와 함께 힘을 과시하기 위해 궁궐을 짓는 것은 동서양이 비슷했다.

곤다르의 역대 황제들이 거주했던 황궁 지역 파실게비$^{Fasil\ Ghebbi}$는 원과 사각형이 조화를 이뤄 탄생했다. 건물의 벽이 직각으로 만나는 구석에는 원기둥 모양의 건물을 배치했다. 남성적인 정사각형의 건물에 여성적인 원기둥의 구조물이 만나 강하고 부드러운 사랑의 결실을 맺었다. 그래서 웅장하면서도 품격이 있으며 위압적이지 않았다. 때마침 계단 입구에서는 에티오피아의 연인이 기념사진을 찍고 있었다. 남자는 사랑하는 사람을 건물과 함께 예쁘게 담으려고 이런 저런 자세를 주문했다.

궁전의 웅장함은 높이가 건물 2층에 이르는 커다란 출입문에서 시작됐다. 카드처럼 스르르 펼쳐지는 출입문은 천장까지 이르고 있어 제국의 위용이 느껴졌다. 서까래는 침목처럼 생긴 나무를 촘촘히 박아 놓았는데 아직도 나뭇결이 살아 있는 듯 생생했다.

벽은 화려한 장식이 없고 단아했다. 발코니에서는 지금 당장 만찬을 열 수 있을 것만 같았다. 발코니로 발걸음을 옮겨 보니 궁궐의 주인이 된 기분이 들었다. 궁녀들이 접시에 음식을 담아 나르는 모습과 맛있는 음식을 기다리는 왕과 신료들이 눈앞에 보이는 듯했다.

이 건물을 벗어나자마자 이어지는 이야수^{Iyasu} 1세의 성은 한쪽 귀퉁이를 칼로 베어낸 듯 잘려 나갔다. 카멜레온은 부서진 벽에 기대어 몸의 색을 바꾸는 재주를 부리고 있었다. '슬픔의 성'이라고 불리는 건물의 천장

| 이야수 1세의 성

'아프리카의 스위스' 에티오피아

을 올려다보니 영락없는 풀장이었다. 지붕이 무너지기 전까지는 아치형 건물 가운데 으뜸이 아니었을까. 건물의 하중을 가장 적절하게 분산시키는 아치형 구조물은 강건하면서도 정감 넘쳤다.

연회장이 있었던 바카파^{Bakaffa} 성은 사각형 모양의 문에 아치 형태의 건물 구조가 또 다른 분위기를 자아냈다. 지금까지 둘러본 건물의 재료가 모두 돌이라면 여기에는 목재가 많이 사용됐다. 석재와 목재의 질감이 견고하게 결합돼 구름 한 점 없는 오후의 햇살을 받고 있었다. 야간에 오페라 공연이 가장 잘 어울릴 것 같은 건물이었다.

주인을 잃은 성에서는 다정한 연인들이 아름다운 모습을 담기 위해 사진을 찍고 있었다. 그 건물은 황후가 거주했던 곳이었다.

에티오피아에서 사자는 왕권의 상징이었다. 셀라시에 황제의 즉위식에도 사자가 우리 속에서 대기하고 있었을 정도였다. 여기에도 사자를

| 파실게비에 우뚝 서 있는 나무

키우던 우리가 아직까지 남아 있었다.

　왕궁의 건물이 주저앉은 것은 전쟁 때문이었다. 벽에 물건을 넣어두기 위한 공간이나 거실은 한순간에 무너졌다. 제국은 비록 사라졌어도 궁궐의 나무들은 계속 자랐다. 건물 사이로 홀로 선 나무가 바람에 흔들리고 있었다. 곤다르는 에티오피아에서 두 번째로 살기 좋은 곳으로 손꼽혔다. 주변에는 블루 나일의 시원인 다나^{Tana} 호수가 있어 수산물이 풍부한 편이었다. 그리고 암하라 지역의 중심지로서 오늘날 에티오피아의 공용어인 암하라 어가 바로 이 지역 주민들이 사용하는 말이다.

　이탈리아의 침략을 받았던 도시에는 로마 골목과 비슷한 건물이 시내 곳곳에 남아 있었다. 따사로운 지중해 연안의 카페를 닮은 건물들이 인도를 따라 늘어서 있다.

　곤다르는 젊은이들이 사방에서 몰리는 교육 도시이기 때문에 해가 진 저녁에도 잠들지 않았다. 원기둥 모양으로 건립된 서클 호텔 앞에서는 아낙네들이 옥수수를 구워 팔고 있었다. 1비르짜리를 2비르에 사겠다고 하니까 다시 돈을 돌려주는 착한 아낙네들이다. 갓 구운 옥수수 알을 까먹으며 거리를 구경하기로 했다.

　이 도시는 사람들을 끌어 당기는 마력이 숨어 있는 것 같았다. 해만 지면 그림자 하나 움직이지 않는 한국의 시골과는 아주 달랐다. 버스와 차량, 사람들은 꼬리에 꼬리를 물고 흐름을 만들었다. 활기차면서도 혼돈스럽지 않은 분위기가 밤늦도록 계속 이어졌다.

　카페는 저녁 식사를 겸해 나온 중년들과 젊은이들로 문전성시를 이뤘다. 마을 사람들은 커피 한 잔을 나누며 이야기를 이어 갔고, 젊은 남녀는 음료수를 마시며 즐거운 시간을 보내고 있었다.

　그날 또 잠을 이룰 수 없었다. 거리가 시끄러웠던 것이 아니라 걱정이 앞섰기 때문이었다.

　'한국으로 돌아갈 때쯤이면 에티오피아로 오면서 던졌던 질문에 답을

인제라를 굽는 모습
곤다르의 한 여자가 문밖에서 한국의 빈대떡과 비슷한 전통 음식 인제라를 만들고 있다.

할 수 있을까? 에티오피아의 아름다움을 찾아 나서기로 했던 무모함에 대해 설명할 수 있을까?'

다음 날 오전 6시 10분 호텔 밖으로 나오니 거리의 아침 공기가 상쾌했다. 어젯밤 아낙네들이 옥수수를 팔던 자리는 염소들이 달려와 떨어진 옥수수 알갱이를 깨끗하게 먹어 치웠다. 황제의 궁궐 지역 옆으로는 아침 햇살이 비스듬하게 쏟아지고 있었다. 햇살은 길을 보수하기 위해 파헤쳐 놓은 흙더미와 폐차들, 그리고 지나가는 마을 사람들의 머리 위를 화사하게 비춰 주었다.

숙소로 돌아오는 골목길에 파르스름한 연기가 맴돌고 있었다. 주민들이 전통 음식인 인제라를 문 밖에서 만들고 있었다. 떼프를 갈아 숙성시킨 뒤 솥뚜껑처럼 생긴 넓적한 철판 위에 원을 그리듯 부어 구워 내는 것이 꼭 빈대떡 같았다. 나무와 말린 소똥으로 불을 때면 철판 위에서 인제라는 서서히 익는다. 3분 정도 지나면 뒤집어 익힌다. 시큼한 맛이 감도는 인제라를 소쿠리에 쌓아놓으면 며칠씩 먹을 수 있는 양식 준비가 끝났다.

이방인이 나타나자 마을 사람들이 몰려왔다.

"20비르씩 내세요. 사진 찍으려면."

하지만 실제로 돈을 받겠다는 것보다는 장난을 거는 것 같았다. 무슨 소리인지 듣지 못하는 척하며 인제라를 굽은 아낙네와 한쪽 눈을 다친 아이들에게 사탕을 주었다. 사탕을 문 사람들은 장난을 걸 틈이 없었다.

그때 인제라를 익히고 있던 쇠똥 불이 바닥으로 굴러 떨어졌다. 내가 나뭇가지를 젓가락 삼아 쇠똥 불을 들어 다시 올려놓자 놀라워하는 눈치였다. 포크와 달리 젓가락은 아주 작은 것도 마음먹은 곳에 놓을 수 있는 작고도 위대한 도구임에 틀림없었다.

곤다르에 와서 데브라 비르한 셀라시에 교회 Debra Birhan Selassie Church를 보지 않고 가면 평생 후회할 것 같았다. 교회는 오르고 내리는 구릉으로 이어

지는 마지막 언덕에 있었다. 일터로 나가는 곤다르 주민들의 일상이 뒷골목을 따라 펼쳐졌다. 시내와는 또 다른 곤다르의 뒷모습이었다. 우리의 사라진 골목길 풍경이 여기에 온전하게 보전돼 있었다. 돌부리가 나와 있는 길 위로 머리에 짐을 인 아낙네들이 걸어갔다. 나무 전주는 눈길을 이끌어 주는 안내자였다. 마을에서는 배수로를 정비하고 인도를 포장하기 위한 공사가 한창이었다.

교회는 성벽처럼 생긴 담장이 에워싸고 있었다. 담장 중간마다 예전에 초소가 있던 공간이 남아 있었다. 이야수 1세가 세웠던 교회이기에 왕궁의 대접을 받은 곳이었다. 담장은 어림잡아도 높이가 3m를 넘는 것 같았다. 담장 위를 걸어 다니던 개들이 사라졌다. 대체 어디로 간 것일까. 담장 위에는 비둘기들의 보금자리밖에 없었다. 비바람에 횃대가 낡았지만 비둘기에게는 상관없어 보였다.

그곳은 독수리들의 천국이기도 했다. 수십 미터짜리 나무들은 독수리들이 둥지를 틀기에는 최고의 명당이었다. 교회 외관을 둘러보는 사이 담장 위에서 놀던 개가 길을 걷고 있었다. 개들이 담을 오르내리는 길이 따로 있는 것 같았다.

한국의 이층 초가집 모양을 하고 있는 교회는 성스러운 곳이어서 신발을 벗고 들어가야 했다. 십자가에 못 박힌 예수의 그림 앞에서 5~6명의 신도들이 기도를 올리고 있었다. 벽은 성경에 나오는 중요한 장면들이 모두 그림으로 그려져 있었다. 성직자는 그림을 훼손시킬 수 있다며 카메라 플래시를 사용하지 말아 달라고 요청했다.

그 순간 누군가 나를 내려다보는 것 같은 기분이 들었다. 그것은 천장의 천사들이었다. 온갖 천사들이 내 주위를 맴돌고 있는 에티오피아판 '천지창조'였다. 천사들은 지상에 존재하는 것들을 심판하는 듯 눈동자가 강렬했다. 지상에서 죄를 지은 사람들은 천사 아래서 숨을 곳이 없어 보였다. 에티오피아의 아름다운 한 장면을 그곳에서 만났다.

이층 초가집을 연상시키는 데브라 비르한 셀라시에 교회
데브라 비르한 셀라시에 교회의 천장에는 아래를 내려다보는 천사가 그려져 있다.

    시내로 나오는 길에 베이비 택시를 탔다. 택시비를 충분히 지불해 기분이 좋은지 택시 기사는 지나가는 아낙네 두 명을 무료로 태웠다. 오토바이 엔진에 4~5명이 탄 꼴이니 베이비 택시는 언덕길에서 힘겨워했다. 그녀들이 내리자 택시는 다시 힘을 내서 시내를 질주했다.

    70비르를 내고 하룻밤 잤던 숙소 로비에는 아랫입술에 접시를 끼워 넣는 풍습을 가진 에티오피아 남쪽 부족의 그림이 걸려 있었다. 관광객들의 호기심을 자극하는 관광회사의 광고였다. 이런 그림으로 광고를 하면 에티오피아 사람들은 모두 아랫입술에 접시를 매달고 다니는 원시인으로 지구촌 사람들은 오해할 것이다. 저런 장면은 여행이 아닌 관광을 오는 사람들이 단골로 찾다 보니 아예 관광회사의 대표적인 광고가 됐다. 엽기적인 접시입술 여인이 아니더라도 에티오피아에는 숨겨진 아름다운 얼굴이 많았다. 이제는 현지인의 장점을 찾고 그들의 삶을 이해하는 착한 여행이 필요하다.

    정오를 조금 넘은 시간 비행기가 곤다르 공항을 가볍게 날아올랐다. 경기도 면적만 한 대형 호수인 다나 호로 유입되는 물줄기들이 하나둘 보이기 시작했다. 사막처럼 보이는 불모지에는 사람과 가축의 흔적이 보

'아프리카의 스위스' 에티오피아

다나 호수 주변의 풍경
다나 호수 주변으로 마치 조각이불처럼 아름답게 펼쳐진 대지의 모습이다.

이지 않았지만 다나 호 주변으로는 수많은 마을이 형성돼 있었다. 활주로를 박차고 오른 비행기가 서서히 고도를 높이자 자연이 빚어낸 지상의 작품이 등장했다. 대지는 파란색과 연두색, 노란색 천을 이어 붙인 조각이불처럼 목가적이었다. 인간이 떼프와 곡물을 심어 놓은 자취였지만 너무 아름다워 조물주의 손길을 떠올리지 않을 수 없었다. 전혀 기대하지 못했던 대지의 선물이자 에티오피아의 아름다움이었다. 그것은 에티오피아를 가난의 땅인 줄로만 알고 있는 인간들을 깨우치기 위해 데브레 비르한 셀라시에 교회의 천사들이 내린 선물이 아니었을까.

5부 | 희망을 찾아온 에티오피아 망명객들

젊은 망명객들의 한국행은 비장했다. 이들은 한국 땅을 밟으면 바로 망명을 신청하기로 결심을 하고 에티오피아를 떠났다. 해외에 정치적 망명을 하면 다시는 조국으로 돌아가지 못할 수도 있기 때문에 중요한 결정이었다. 그들의 결심은 아디스아바바 볼레 국제공항을 떠나면서 더욱 굳어졌다.

한국 전쟁 격전지로
돌아오다

가을로 접어들면서 의암호의 물빛은 하루가 다르게 변해 갔다. 그리고 아침과 저녁 날씨는 선선해졌다. 머지않아 시베리아에서 남하하는 차가운 공기덩어리가 의암호 상공을 덮칠 것이다. 겨울을 걱정하는 것은 사람뿐만이 아니었다. 호숫가의 나무들은 한 해 동안 달고 있던 잎을 땅에 내려놓을 채비를 하고 있었다.

하지만 한 그루의 상록수는 오롯이 푸르르게 우뚝 서 있었다. 에티오피아의 마지막 황제인 셀라시에 1세가 심은 나무였다. 1968년 5월 셀라시에 황제는 그의 근위병들로 구성된 각뉴 부대가 한반도의 자유와 평화를 지켜준 것을 기리기 위한 참전 기념탑 준공식에 참석했다. 황제가 찾아온 이곳은 자신의 근위대가 참전했던 화천과 양구, 철원과 가장 가까운 도시 춘천이었다. 그때 황제는 기념으로 나무 한 그루를 심었다. 작은 나무가 뿌리를 내리는 동안 에티오피아에서는 쿠데타가 일어났고 셀라시에 황제는 역사의 거친 파도에 휩쓸렸다.

1974년 에티오피아에 심각한 가뭄이 발생했다. 가뭄으로 굶주리는 사람들이 속출했다. 에티오피아는 전통적으로 농업이 주를 이뤘고, 한해 농사의 성패는 하늘에 달려 있었다. 민심이 악화되자 군인들이 쿠데타를 일으켰다. 멩기스투^{Mengistu}가 이끄는 군인들은 권력을 장악하고 셀라시에 황제를 폐위시켰다. 황제와 함께 정부를 구성했던 인물들도 체포되거나 처형됐다.

에티오피아 혁명정부는 민심을 얻기 위해 사회주의를 선택하고 집과 토지, 은행을 모두 국유화했다. 혁명정부는 90%가 넘는 문맹률을 낮춘다는 취지로 대학생들을 농촌으로 보냈다.

외교 관계도 급변했다. 멩기스투 정권은 소련 및 동유럽 공산주의 국가와 외교 관계를 맺었다. 에티오피아가 북한과 외교를 수립하면서 남한과의 외교 관계는 단절됐다. 1991년 멜레스 제나위가 이끄는 에티오피아 민주공화국이 등장하면서 한국과 다시 외교 관계가 회복됐다. 이러한 격변이 일어나는 동안 많은 에티오피아 국민들이 해외로 탈출했다.

1980년대 세계적인 대기근으로 에티오피아에서 많은 사람들이 굶어 죽자 'We are The World' 노래가 탄생한 것도 바로 멩기스투 정권 때였다. 가뭄과 기아를 핑계로 정권을 탈취했던 멩기스투는 결국 짐바브웨^{Zimbabwe}로 쫓겨났다.

2006년 9월 11일 셀라시에 황제가 심었던 상록수 앞으로 특별한 손님들이 찾아왔다. 한국 전쟁에 참전했던 에티오피아 노병들과 손자, 손녀들이었다. 직접 오기 힘든 참전용사들은 손자와 손녀들에게 방문 기회를 양보했다. 전쟁이 끝난 지 반세기가 넘어 다시 찾은 한국이었다. 이 자리에는 참전용사 쉬퍼로 게브레볼드(75) 씨도 있었다.

"기회가 닿는다면 내가 자유를 위해 싸웠던 나라에 다시 한 번 가 보고 싶었지. 죽기 전에 직접 내 눈으로 한국의 엄청난 변화를 확인하고 싶었어."

에티오피아 마지막 황제가 심은 상록수
한국 전쟁에 자신의 근위대를 파견했던 에티오피아의 마지막 황제 하일레 셀라시에 1세가 1968년 5월 춘천 공지천을 방문해 심은 상록수이다.

희망을 찾아온 에티오피아 망명객들

이들은 당초 상록수 건너편에 짓고 있는 에티오피아 한국 전쟁 참전 기념관 준공식에 참석할 예정이었다. 하지만 그날 오전 8시 참전 기념관 준공식은 돌연 취소됐다. 장마가 길어지면서 기념관을 제때 완공할 수 없었기 때문이었다. 전날 밤에는 야간 작업까지 했지만 별다른 진척이 없었다. 건물의 외벽에는 비계가 아직도 설치돼 있었고, 내장재는 당일 아침까지 여기저기 널려 있었다.

이 기념관은 에티오피아 군인들의 한국 전쟁 참전을 기리기 위한 곳이었다. 한국 전쟁에서 사용했던 수통과 총, 철모와 같은 자료가 전시될 예정이었다. 한국 전쟁에 참전했던 16개국 가운데 기념관이 건립되기는 이번이 처음이었다. 준공식을 보지 못한 이들에게 소감을 물었더니 뜻밖의 대답이 돌아왔다.

"섭섭하지 않아요. 우리를 기억하기 위해 짓는 건물이니 천천히 지으면 어때요. 이미 시작을 했으니 언젠가는 완공되겠지요."

참전용사들은 기념관 준공을 보지 못하는 것에 크게 개의치 않았다. 준공식을 준비했던 춘천시는 갑자기 취소된 사유를 해명하느라 진땀을 흘렸지만 참전용사와 후손들은 불만이 없어 보였다. 그해 유난이 길었던 장마가 아니었다면 그들은 한국 전쟁 참전을 기념하는 전당에서 더 의미 있는 시간을 보냈을지도 모른다.

"다음에는 김유정 문학촌을 방문하겠습니다!"

에티오피아 참전용사와 자녀들이 뜬금없이 소설가 김유정 선생의 문학촌을 찾은 것은 오로지 남는 시간 때문이었다. 기념관 준공식이

반세기만에 한국을 찾은 참전용사와 그들의 후손
춘천시 공지천에 있는 한국전 참전 기념탑을 찾은 에티오피아 한국 전쟁 참전용사와 후손. 이들은 며칠 뒤 망명 사건의 주역이 되었다.

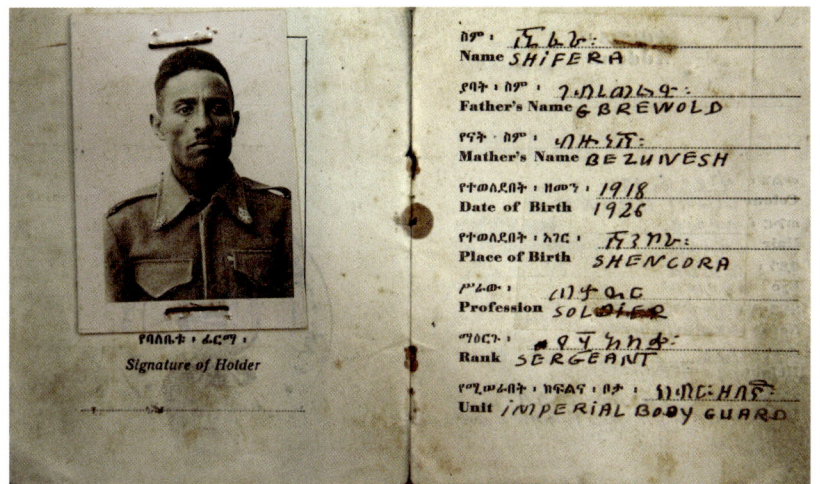

참전용사의 병역 수첩
한국 전쟁에 참전했던 쉬페로 게브레볼드 씨의 수첩이다. 부대명(Unit)에 에티오피아 황제의 보디가드(Imperial Body Guard)라고 적혀 있다.

일정대로 진행됐더라면 부랴부랴 갈 곳을 찾지 않아도 됐을 것이다. 기념관 안내자는 갑자기 아프리카에서 온 손님을 맞아야 했다.

"김유정의 소설 '동백꽃'에 나오는 동백꽃은 우리나라 남쪽에서 피는 붉은 꽃이 아니라 노란 꽃입니다. 이 고장에 자생하는 생강나무를 말하는 것입니다!"

문학촌 안내자가 생강나무에 코를 갖다 대자 에티오피아 참전용사들은 생강이 향신료의 일종이라고 생각해 나뭇가지를 잘라 냄새를 맡아 봤다. 생강은 세계적으로 알려져 있는 향신료이기 때문에 이들은 오로지 이 부분만 알아들었을 것이다. 순식간에 애써 키우던 생강나무 가지들이 뚝뚝 부러지는 소리가 들렸다.

"여기가 김유정 선생이 태어난 생가입니다. 오래전에 사라진 집을 최근 복원해 문학촌으로 만들었습니다. 주옥 같은 작품을 남긴 김유정 선생은 일제 강점기 시대 고향에서 야학을 하며 문맹 퇴치 활동을 벌이기도 했습니다. 하지만 그는 애석하게도 29살에 요절했습니다."

참전용사 일행을 위한 시간 때우기 투어는 그럭저럭 끝나 가고 있었다. 의암호 위로 해가 넘어가고 있었다.

희망을 찾아온 에티오피아 망명객들

동백나무 향기 맡아보는 한국 전쟁 참전용사
김유정 문학촌을 찾은 한국전 참전용사 쉬퍼로 게브레볼드 씨가 동백나무(생강나무) 향기를 맡아보고 있다.

다음 날 아침 쉬퍼로 씨 일행이 탄 버스는 50여 년 전 전쟁터로 향하고 있었다. 버스는 양구군 해안면 펀치볼로 접어들었다. 쉬퍼로 씨가 한국의 전쟁터를 떠난 것은 1952년 2월이었다. 전투는 단장의 능선과 가칠봉 아래에서 겨우내 벌어졌다. 하지만 전투 당시의 황량한 풍경은 모두 변해 버려 알아보기 힘들 정도였다.

버스는 에티오피아 참전용사들이 한파 속에서 전투를 벌였던 가칠봉 기슭에서 멈췄다. 제4땅굴 앞에서 참전용사 일행을 맞은 것은 군견 동상이었다. 독일산 셰퍼드를 기리기 위한 것이었다. 오늘날의 비무장지대는 에티오피아 참전용사들이 매복과 수색 작전을 벌이던 때에서 그대로 멈춰 버렸다. 하지만 지상에서 벌어졌던 전쟁은 휴전 이후 땅속으로 옮겨갔다. 북한은 지하로 병력을 침투시키기 위해 비무장지대 일대에 땅굴을

178   에티오피아, 13월의 태양이 뜨는 나라

제4땅굴로 들어가는 한국 전쟁 참전용사 후손들
제4땅굴은 에티오피아 군인들이 전투를 벌였던 가칠봉 기슭에 있다.

파기 시작했다. 그 네 번째 땅굴이 에티오피아 군인들이 전투를 벌였던 가칠봉 기슭에서 발견돼 제4땅굴이라는 이름이 붙여졌다.

1990년 3월 4일 낮 12시 5분 독일산 군견 헌트가 폭발물을 감지하다 숨지는 사고가 발생했다. 땅굴을 발견한 다음 날 화약 냄새를 잘 맡는 헌트는 수색대와 함께 작전에 투입됐다가 목숨을 잃었다. 땅굴을 탐지하러 들어오는 사람들이 들어오면 폭발하도록 북한이 폭발물을 설치했던 것이다. 수색대원들은 헌트 덕분에 목숨을 건질 수 있었다.

이들은 헌트를 땅굴 입구에 묻고 마을이 잘 내려다보이도록 묘비를 세웠으나 이상하게도 다음 날 찾아가면 땅굴 방향으로 돌아서 있었다. 결국 충견의 동상은 땅굴과 비무장지대 방향으로 세워졌다고 한다. 헌트는 소위로 추서돼 대한민국에서 가장 유명한 군견이 됐다.

참전용사와 일행은 충견의 묘를 지나 땅굴로 들어갔다. 땅굴 입구에는 대검을 든 군인이 보초를 서고 있었다. 대검의 날은 아직도 긴장감이 감도는 한반도의 상황을 말해 주고 있었다. 마치 대형 드릴로 뚫은 듯 둥그렇게 생긴 갱도를 따라 내려가자 북한의 땅굴이 등장했다. 북한이 파놓은 땅굴은 한 사람이 겨우 웅크리고 지나갈 정도로 좁았다. 남한에서 첨

희망을 찾아온 에티오피아 망명객들

한국 전쟁 참전용사 쉬퍼로 게브레볼드 씨가 비무장지대를 둘러보고 있다.

단 장비로 뚫고 들어간 갱도와는 달리 북한의 땅굴은 재래식 장비와 폭약을 이용하여 벽면이 투박했다.

땅굴을 둘러보고 나온 쉬퍼로 씨는 펀치볼 마을을 응시하고 있었다.

"가장 절친했던 전우를 잃었던 전투 현장에 다시 오니 눈물이 나. 그때는 온통 회색빛 폐허였는데 이렇게 달라지다니 놀라울 따름이야. 우리가 전투를 벌였을 당시에는 아무도 이 땅에서 살아가지 못할 것이라고 생각했지. 함께 전투를 벌였던 미군들은 저주받은 땅이라고 욕을 해댔어. 그런데 지금은 몰라볼 정도로 아름답게 변했어."

쉬퍼로 씨는 계속 추억을 더듬었다.

"낮에는 전투가 벌어지지 않아 아주 고요했어. 그러나 밤이 되면 미군 비행기가 조명탄을 쏘는 것으로 전투가 시작돼 치열한 전투가 벌어졌어."

다른 참전용사의 손자인 테베베 카싸예(23) 씨도 할아버지가 돌아가시기 전까지 했던 이야기를 떠올렸다.

"이곳에 오니까 할아버지가 싸웠던 흔적을 직접 느낄 수 있어요. 할아버지는 형제들끼리 총부리를 겨누었던 한국 전쟁의 비극은 세계 어디에서도 찾아볼 수 없다고 말씀하셨어요."

쉬퍼로 씨에게 나의 이야기를 하지 않을 수 없었다.

"할아버지가 싸웠던 이곳에서 제가 태어났어요. 바로 셀라시에 황제가 참전 기념탑 준공식에 참석하기 위해 방한했던 달에 제가 태어났지요. 나중에 찾아보니 할아버지는 참전 당시 제가 어린 시절 자랐던 지석리에서 하룻밤을 보내고 최전선에 투입되셨더라고요. 그 동네에는 예전에 고인돌이 남아 있었지요. 고인돌은 에티오피아 악숨에 남아 있는 아주 작은 오벨리스크와 비슷해요."

"생명을 찾을 수 없었던 전쟁터가 이렇게 변한 게 정말로 놀라워!"

"할아버지 같은 분들 덕분이죠."

"우리도 이탈리아에 나라를 빼앗겨 봤던 아픔이 있어. 한국에서는 그런 일이 다시 일어나서는 안 되겠다는 생각에 참전했지. 사실 한국이라는 나라는 내가 참전할 때 처음 알았어. 에티오피아에서 한국으로 간다는 것은 세상에서 가장 먼 땅으로 간다는 의미였거든. 그리고 살아서 돌아오지 못한다는 말과 똑같았어."

새로운 희망을 꿈꾸는 망명 신청

아파트 숲에 둘러싸인 3층짜리 작은 아파트는 낡은 외관에서 오래된 분위기를 풍겼다. 서민들이 사는 동네임을 한눈에 알 수 있었다.

강원도 춘천시 후평동 세경아파트 3동 110호. 현관문이 열리자 낯설지 않은 아프리카 사람들이 얼굴을 드러냈다. 얼마 전 참전용사들과 함께 양구 제4땅굴을 찾았던 젊은이들이었다. 그때와 다른 점은 이들이 한국 정부에 망명 신청을 했다는 것이다.

망명이란 참으로 낯선 단어였다. 이 말은 외국에서나 쓰는 이야기인 줄 알았다. 그래서 며칠 전 비무장지대를 함께 다녀왔던 젊은이들이 우리 정부에 망명 신청을 했다는 소식은 충격적이었다.

양구 제4땅굴을 다녀온 젊은이들은 다음 날 밤 10시, 숙소인 서울 장충동의 한 호텔을 벗어나 법무부 서울출입국관리사무소에 정치적 망명을 요청했다. 망명을 신청한 젊은이는 한국 전쟁 당시 참전용사의 손자와 손녀 등 모두 12명이었다. 대체 이들은 왜 아무런 연고도 없는 한국에 망명을 요청한 것일까?

"안녕하세요."

정치적 망명을 요구한 젊은이들은 한국말을 배우고 있었다. 이 말은 오늘 처음 배운 것이라고 했다. 다른 한 명은 주방에서 설거지를 하고 있

망명 신청을 한 참전용사의 후손들
오른쪽 첫 번째가 이탈렘. 여섯 번째가 야마타이다.

었다. 아치형 모양의 주방 앞 창문 너머로 이쪽을 들여다보듯 또 다른 아파트가 보였다. 거실에 모여 있던 7명이 자리에서 일어나며 맞아 줬다. 이들은 어제 여기에 도착했다.

거처는 만천 감리교회 목사님이 주선해 주었다. 망명 신청 이후 심사가 길어지면서 오래 머무를 수 있는 곳이 필요했다. 심사 기간 출입국관리소에는 거처할 곳이 사실상 없었다. 한국의 경제적 위상이 높아지면서 외국의 노동자들이 몰려오고 있지만 이들을 위한 보호 시설은 너무 부족한 것이 현실이었다. 국회와 정부가 우리나라 위상에 걸맞게 대책을 세우는 것이 시급했다. 이렇게 망명 신청자를 위한 아무런 시설이 없다 보니 뜻있는 사람들의 후원에 전적으로 의존해야 했다.

"정치적인 문제가 있어 망명 신청을 했어요. 사실 아디스아바바에서는 직업을 구하기도 힘들었어요."

망명 사유를 물었더니 제라페(20)는 이렇게 대답했다. 현재 한국 정부가 정치적 망명만 허용하고 있기 때문에 이를 앞세웠지만 경제적 문제가 있다는 점도 인정했다. 이들은 할아버지가 참전했던 대한민국에서 새로운 기회를 얻고 싶어 했다.

희망을 찾아온 에티오피아 망명객들

아디스아바바 볼레 국제공항 출국장
젊은 망명객들은 조국을 떠나면서 공항 바닥에 키스를 했다.

젊은 망명객들의 한국행은 비장했다. 이들은 한국 땅을 밟으면 바로 망명을 신청하기로 결심을 하고 에티오피아를 떠났다. 해외에 정치적 망명을 하면 다시는 조국으로 돌아가지 못할 수도 있기 때문에 중요한 결정이었다. 그들의 결심은 아디스아바바 볼레 국제공항을 떠나면서 더욱 굳어졌다.

"우리는 공항 바닥에 작별의 키스를 하고 떠났어요."

한국인들이 살기 힘들었던 시절 고향의 흙을 한 줌씩 품고 해외로 떠났던 것과 같은 의식이었다. 대학을 졸업해도 일자리를 구할 수 없던 현실 속에서 젊은이들은 한국 방문 기회를 놓칠 수 없었다. 이들은 출국 전부터 망명 문제를 논의하고 공식 행사가 끝나자 바로 행동으로 옮겼다.

망명 심사는 정치적 망명인지, 경제적 망명인지를 규명하여야 해서 심의 절차가 오래 걸렸다. 망명이 허용되지 않으면 추방돼 제3국을 떠돌아야 하는 운명이었다. 하지만 이들은 망명 결정이 날 때까지 돈을 벌 수 있는 일자리가 시급했다.

9월 27일은 마스칼^{Maskal}이었다. 그들은 망명객으로 신분이 뒤바뀌었지만 한국에서 고국의 명절을 자축했다. 에티오피아 정교회는 이날을

고국의 명절을 아파트 구석에서 자축하는 망명객들
망명객 신분으로 다시는 고국으로 돌아갈 수 없는 젊은 이들이 망명을 요청한 한국 땅에서 에티오피아의 명절인 마스칼을 보내고 있다.

예수가 참된 십자가를 발견한 날로 보고 성대한 축제를 벌였다. 젊은 망명객들은 꼬깃꼬깃 구겨진 달력에서 축제일 날짜를 가리켰다. 몇 명은 전통 옷까지 차려 입고 있었다. 망명객의 잔칫상은 뻥튀기와 땅콩 조각이 전부였다. 축제는 낡은 아파트 구석에서 쓸쓸하게 진행됐다.

"한국말 열심히 배우려고 해요. 말을 배운 사람부터 일을 할 수 있다고 하니까요."

망명 신청자들은 오후부터 교회에서 본격적으로 한글을 배우기 시작했다. 칠판에 써 놓은 '나무, 나비, 낙타, 아파요, 어디 가세요'를 반복해 따라 읽었다. 앞으로 두 달가량은 기본적인 한국말과 글을 배울 예정이라고 했다.

다른 사람에 비해 나이가 두어살 더 많은 이탈렘도 열심히 한글을 따라 읽었다. 과묵한 그녀는 그림이 있는 한글책을 읽는 것도 쉽지 않은 모양이었다.

"영어보다 한국말이 더 어려워요."

이탈렘이 한숨을 길게 내쉬었다.

"그래도 한국말을 배워야 취직을 할 수 있잖아."

희망을 찾아온 에티오피아 망명객들

| 망명객이 한글을 배우는 모습
망명 결정이 나기 전까지 일을 해야 했기 때문에 한글을 배우고 있다.

이탈렘은 다시 한글을 따라 읽었다.

창밖으로 "아파요.", "어디가세요."가 흘러 나왔다. 그것은 한국에서 살아가기 위해 꼭 필요한 말 가운데 하나였다. 저들이 "아파요."라는 말을 쓰지 않기를 빌었다. 몸이 아프든, 마음이 아프든 고향을 떠난 처지에서 그것은 견뎌내기 힘든 상황이기 때문이다. 이탈렘이 읽는 "아파요."라는 말이 그날 하루 종일 허공을 맴돌았다.

아프리카의 망명 신청자들이 작은 도시로 찾아오자 뜻있는 사람들이 바빠졌다. 여름 옷차림으로 에티오피아를 떠나왔지만 벌써 날씨가 쌀쌀해지기 시작했다.

해가 질 무렵 목사님 부부가 생활필수품과 옷가지 등을 사러 나섰다.

"한국의 겨울은 정말 추운데 아직 진짜 추위를 모르는 것 같아요."

겨울도 춥고 힘들지만 갑자기 뛰어든 자본주의는 더 혹독할 것이다.

에티오피아를 다녀온 경험이 있는 사람들이 조금씩 힘을 보태기 시작했다. 빈 아파트를 채울 수 있는 것이라면 무엇이든 필요했다. 우리 집은 신혼생활을 시작할 때 쓰던 텔레비전을 내주었다. 다른 사람들은 옷가지를 보내왔다. 아디스아바바에 중고 소방차를 기증했던 춘천소방서 직원들도 도움을 줬다. 이들은 겨울옷과 컵라면, 식료품을 한보따리 들고 낡은 아파트를 찾아왔다.

"한국 전쟁 당시 유엔군의 일원으로 참전했던 에티오피아 참전용사의 손자들이 어려움을 겪고 있다는 소식을 듣고 참 안타까웠어요. 우리나라에 대해 좋은 이미지를 갖도록 힘닿는 데까지 도울 생각이에요."

조국을 떠나서 망명 생활하는 것은 고난의 시작이었다. 에티오피아 망명객의 삶은 거친 바다에 내던져진 조각배와 같은 운명이었다. 반세기 전 할아버지가 총을 들고 싸웠던 나라였지만 희망의 항로는 스스로 찾아야 했다.

사흘 뒤 야마타는 유니폼을 갈아입은 뒤 신발 끈을 조여매고 400m 트랙을 혼자 달리기 시작했다. 김홍화 동양대 마라톤 감독이 춘천종합운동장에서 야마타의 체력 테스트를 하는 자리였다. 김 감독은 아프리카 고원에 위치한 아디스아바바를 방문한 뒤 마라톤 전지훈련 캠프로 적지라고 판단했다.

마라톤 테스트를 받는 야마타
에티오피아 아디스바바는 고원 지대에 있어 마라톤 선수들의 폐활량이 좋다.

황영조 선수 이래 세계 마라톤대회 기록은 갈수록 향상되고 있지만 금메달을 따는 한국 선수는 더 이상 나오지 않았다. 김 감독은 황영조 선수의 훈련을 맡은 경험도 있었다. 안타깝게도 한국의 마라톤은 퇴보하고 있다는 것이 그의 생각이었다. 그런데 에티오피아는 세계적인 마라톤 강국이었다. 아베베 이후 수많은 선수들이 마라톤에 입문해 국제 마라톤대회를 휩쓸었다. 그 비결이 궁금했다.

"에티오피아 사람들은 고지대에 살기 때문에 폐 기능이 좋아요. 그리고 마라톤은 무엇보다 헝그리 정신에서 나와요. 우리나라는 먹고

희망을 찾아온 에티오피아 망명객들

살 만한 형편이 되니까 이제 힘든 운동을 기피하는 시대가 됐어요. 그것이 우리나라에서는 더 좋은 마라톤 선수들이 나오기 힘든 이유입니다."

김 감독이 보기에 아디스아바바는 해발 2,000m가 넘는 고원 지대인데다 우뚝 솟은 은또또 고원은 마라톤 선수에게 요구되는 폐활량을 증가시킬 수 있는 곳이었다. 일주일가량 걸어 다니며 현지 적응훈련을 한 뒤 본격적인 마라톤 전지훈련을 할 수 있는 곳이 바로 아디스아바바였다. 그는 아직 아디스아바바와는 인연이 닿지 않아 케냐 선수들을 선발해 훈련을 실시하고 있었다.

김 감독은 야마타가 마라톤의 재목이 될 기량이 있는지 유심히 지켜 보았다. 그가 한국 선수들과 함께 뛰어 준다면 그 자체로도 우리나라 선수들의 경기력을 향상시킬 수 있다는 판단이었다. 한국의 마라톤 선수들이 정신적으로 자극을 받는다면 경기력이 최대 15배가량 향상될 수도 있었다.

"우리나라 마라톤은 20년 뒤로 후퇴했어요. 이제라도 눈을 크게 뜨고 도전 정신을 기르도록 해야 합니다. 진정으로 경기력을 향상시키려면 좋은 선수들과 함께 뛰는 수밖에 없습니다."

해마다 아프리카 선수들을 훈련시켜 춘천국제마라톤대회에 출전시켜 온 김 감독의 눈에 야마타는 조금만 더 다듬으면 가능성이 있었다.

"마라톤 선수가 되면 더 좋은 대우를 받을 수 있단다. 돈도 벌 수 있고."

김 감독은 마라톤이 야마타의 인생을 바꿔 놓을 수도 있다고 말했다. 하지만 망명 신청을 한 야마타는 마라톤에 많은 시간을 투자할 여유가 없었다. 한국 정부의 망명 심사가 언제 종료될지 알 수 없기 때문이었다. 망명 요청이 받아들여지지 않는다면 바로 추방될 수밖에 없었다. 조국을 떠나온 젊은 청년들에게 시급한 것은 마라톤 훈련이 아니라 하루하루 생존하는 것이었다.

"관심을 가져 주셔서 너무 감사드려요. 하지만 저는 마라톤을 할 형편이 안돼요."

야마타는 마라톤을 접고 수도권의 공장으로 갔다. 최악의 경우에 대비해 돈을 벌어야 했다. 망명을 신청한 만큼 이제는 조국으로 돌아갈 수도 없는 운명이었다. 그래서 살아남는 방법은 혼자 터득해야 했다. 야마타가 마라톤 테스트를 했던 춘천종합운동장은 얼마 뒤 철거됐지만 마라톤을 통해 인생역전을 꿈꾸는 아프리카 건각들은 매년 가을마다 춘천을 방문했다.

춘천에서 한국말을 배운 망명 신청자들은 새해 첫 날 서울에서 동료들과 만난 뒤 심경의 변화를 일으켜 수도권 공장으로 모두 자리를 옮겼다. 춘천에서 받는 월급 500달러는 수도권 공장에서 받을 수 있는 돈에 비해 턱없이 적었기 때문이다. 그들은 3D업종이라도 많은 돈을 벌 수 있는 일자리가 필요했다.

망명객들이 겨울철새처럼 찾아왔다 떠난 춘천은 다시 일상으로 돌아갔다. 그들이 남긴 둥지는 겨우내 찬바람이 감돌았다.

눈이 쌓인 황제의 상록수
에티오피아의 젊은 망명객들이 일자리를 찾아 떠난 겨울 춘천 공지천 하일레 셀라시에 황제의 상록수 위로 새해 아침 눈이 내렸다.

희망을 찾아온 에티오피아 망명객들

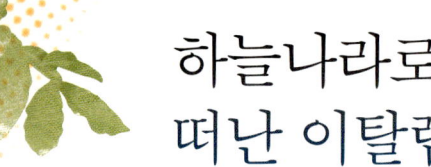

하늘나라로
떠난 이탈렘

젊은 망명객들의 이야기는 까마득하게 잊혀졌다. 그들의 존재가 사람들의 기억 속에서 사라지는 것이 도움이 될지도 몰랐다. 세상 사람들이 관심을 덜 가질수록 그들은 한국에서 더 머무를 수 있었다. 정부가 망명 심사를 서두르지 않도록 하는 것이 현실적으로 그들을 도울 수 있는 유일한 길이었다. 관심보다 무관심이 그들을 지켜줄 수 있는 안타까운 상황이 됐다.

망명을 신청한 젊은이 가운데 이탈렘이 2007년 8월 5일 세상을 떠났다. 한창 인생의 꽃을 피워야 하는 24세였다. 이탈렘의 사망 원인은 폐결핵이었다. 결핵은 제대로 먹지 못해 생기는 질병으로 한국에서는 오래전에 사라져 요즘에는 거의 걸리지 않는 병이었다.

춘천을 떠난 이탈렘은 외국인 근로자로 전락해 수도권의 공장을 떠돌았다. 하지만 체력이 점점 약해지고 병이 생기면서 힘든 노동일을 오랫동안 할 수 없었다. 망명 심사가 진행되고 있는 처지에서 일을 하지 못하면 생활비를 벌 수 없었다. 그럴수록 건강은 더 악화됐다. 가난을 벗어 보겠다는 희망으로 조국을 등졌던 이 땅에는 병마가 기다리고 있었다. 그러나 이탈렘은 몸이 아플 때마다 약을 사먹으면서 힘든 공장 일을 버텼다. 비싼 진료비 때문에 병원 근처에는 갈 엄두도 낼 수 없었다.

망명 신청을 한 사람들
가난의 굴레를 벗어나기 위해 한국에 망명을 요청한 이탈렘(앞줄 오른쪽)은 한국 전쟁 참전용사의 딸이다.

희망을 찾아온 에티오피아 망명객들

7월 25일 이탈렘이 아프다는 것을 알게 된 친구들은 안산 인근의 응급실을 찾아 진료를 받게 했다. 이탈렘은 폐결핵뿐만 아니라 영양실조, 빈혈, 폐렴, 당뇨와도 싸우고 있었다.

이탈렘은 서울시립 서북병원에서 영양제와 인슐린, 항생제 치료를 받고 점차 좋아지기 시작했다. 하지만 8월 1일부터 헤모글로빈 수치가 뚝 떨어지기 시작하면서 건강이 급속하게 악화됐다.

8월 4일 저녁 이탈렘은 빈혈 문제를 진단받기 위해 서울 종로의 국립의료원 응급실로 긴급 후송됐다. 다음 날 새벽 2시 이탈렘의 폐내 산소포화도가 급속하게 떨어져 심장마비 증세가 나타나자 의료진들이 1차 심폐 소생술을 실시하기에 이르렀다. 하지만 오랜 기간 가난과 싸워 온 이탈렘에게 더 이상의 치료는 소용이 없었다. 폐에 계속 물이 차기 시작하는 폐부종이 일어났다. 숨을 쉬기 어려워 고통스러운 상황에서 폐의 산소 포화도는 점점 떨어졌다.

이탈렘은 8월 5일 오전 6시 40분 마지막 숨조차 편안하게 쉬지 못하고 하늘나라로 떠났다. 동료들은 눈물로 이탈렘과 마지막 순간을 함께했다.

이탈렘은 한국 전쟁 참전용사의 딸로 1985년 10월 4일 에티오피아에서 태어났다. 이탈렘의 아버지는 고령에다 지병을 앓고 있었다. 아버지는 자신의 청춘을 바쳤던 한국으로 떠났던 막내딸이 숨을 거둔 사실을 알지 못했다. 딸의 죽음을 아는 순간부터 눈물로 딸을 그리워할 터이니 사실대로 알릴 수가 없었다.

에티오피아 장례 문화는 시신을 반드시 조국에 묻는 것이었다. 그래서 한국 전쟁 전사자들도 부산의 유엔공원에 묻지 않고 모두 에티오피아로 후송했다.

이탈렘의 시신을 아디스아바바까지 옮기는 데 필요한 천만 원의 비용은 한국의 NGO들이 마련해 주었다. 시신 방부처리는 주한 미군으로부터 지원받았다. 이탈렘의 사망 소식은 뜻있는 사람들만 알고 가슴에 묻어

버릴 수밖에 없었다. 이탈렘의 사망 소식이 우리나라에 널리 전해질 경우 정부가 망명 심사를 전격적으로 서두를까 걱정해 알릴 수조차 없었다.

8월 10일 오후 4시 서울시립 서북병원에서 이탈렘의 장례식이 열렸다. 그녀를 기억하는 몇 명의 사람들만 모인 조촐한 자리였다. 이탈렘의 시신은 그날 밤 화물칸에 실려 인천국제공항 활주로를 떠나 고향을 향했다. 한국에서 미처 꿈을 펴보지도 못했던 1년이었다. 이탈렘의 꿈은 크지 않았다. 망명 신청이 받아들여지면 한국 땅에서 새로운 삶을 시작하는 것이었다. 하지만 희망은 경제적 난민을 인정하지 않은 한국의 현실에서 병마까지 겹쳐 끝내 꿈을 이루지 못했다. 지상에서 좌절된 이탈렘의 꿈은 하늘나라에서 영원한 망명지를 얻는 것으로 끝났다. 그곳은 정치적 난민, 경제적 난민을 따지지 않으며 삶이 힘든 영혼들을 차별하지 않는 곳이길 바랬다.

이탈렘이 인천공항을 떠나고 나서 조금 뒤 이탈렘의 고향 집에는 국제전화 한 통이 걸려 왔을 것이다. 아버지가 반세기 전 참전했던 한국에서 막내딸이 귀환한다는 전화가. 아디스아바바에서는 아침이 밝아 오고 있을 시간이었다.

6부 | 에티오피아를 잇는 희망의 다리

교실의 풍경은 우리의 옛날 모습을 떠올리게 했다. 아이들은 좁은 책상 하나에 3명이 함께 앉아 공부를 했다. 교과서는 갱지로 만들어진 조악한 것이었으며 가장자리는 너덜너덜해져 있었다. 하지만 아이들의 눈동자만은 반짝반짝 빛났다. 그래도 학교에 다니는 아이들은 비교적 사정이 좋은 편이었다.

다시 찾은 아디스아바바

아디스아바바 볼레 국제공항에 피어난 꽃은 못다 핀 이탈렘을 떠올리게 했다.

2008년 9월 7일 아디스아바바의 아침은 새벽에 내린 비로 마치 세수를 한 것처럼 상쾌했다. 볼레 국제공항의 잔디밭은 촉촉하게 젖어 있었다. 꽃은 물기를 흠뻑 품고 있었고, 새들은 파르르 깃털의 물방울을 털어냈다. 흰구름이 파란 하늘 사이로 얼굴을 내밀었다. 2년 만에 다시 만나는 아디스아바바의 반가운 아침이었다. 지난 해 이탈렘이 한국에서 돌아오던 날 아침에도 아디스아바바의 날씨는 오늘처럼 화창한 천국의 얼굴로 맞아 주었을까.

'이탈렘이 있는 하늘나라는 이보다 더 아름다울지도 몰라. 하지만 한국으로 망명을 신청한 그녀의 친구들은 다시 이 공항을 밟을 수 없겠지.'

이탈렘을 생각하니 다시 마음이 무거워졌다.

아디스아바바의 아침이 더욱 상쾌하게 느껴졌던 것은 새벽에 도착한 뒤 한참을 기다렸다 공항을 나온 탓도 있었다. 그날 어둠이 가시지 않은 공항에 에티오피아 국적 비행기는 우리 일행을 내려놓았다. 공항의 창밖으로는 대기 중인 각국의 비행기들이 모습을 드러냈다. 20달러짜리 도착 비자를 받기까지는 아무런 문제가 없었다.

196 에티오피아, 13월의 태양이 뜨는 나라

그러나 공항 출구 바로 앞에서 제지를 당했다. 일행들이 가지고 간 약품이 문제였다. 인천국제공항을 떠나면서 걱정했던 부분이었다.

"한 짐에 약품이 몰려 있으면 오해받습니다. 조금씩 나눠서 들고 갑시다."

하지만 비행기가 활주로를 떠올라 서해를 빠져 나갈 때 바다 위로 지는 노을을 바라보며 약품 걱정을 잊어 버렸다. 붉게 타오르던 노을은 해가 진 뒤에도 한동안 사라지지 않았다. 붉은 기운은 점차 파르스름한 색채로 바뀌더니 어둠 속으로 빨려 들어가 버렸다. 별 탈이 없을 것으로 생각하고 아디스아바바 공항에 도착했는데 약품을 공항 밖으로 가지고 나갈 수 없다는 공항 세관 직원의 말은 당혹스러웠다.

"가방을 모두 열어 놓고 대기하세요!"

세관 직원은 무표정한 얼굴로 짐을 한곳으로 모으라고 지시한 뒤 마약을 검사하듯 가방을 하나씩 조사하기 시작했다. 화면에 약품으로 보이는 물건은 가방을 열어 직접 눈으로 확인했다.

일행은 숨을 죽이고 지켜볼 수밖에 없었다. 유난히 이번에 약품이 많았던 것은 추석 연휴를 이용해 에티오피아에서 의료봉사를 하기 위해서였다. 공공 의료 혜택을 제대로 받을 수 없는 처지이다 보니 챙겨야 할 상비약이 점점 늘어났다.

한국에서 병원과 약국을 운영하는 의사들과 간호사, 자원봉사자들은 한국 전쟁 참전용사와 가족들을 치료하기 위해 전국에서 달려왔다. 이번 의료봉사는 그동안 국내외에서 활동해 온 '열린의사회'가 국가보훈처와 함께 주관했다. 국가보훈처는 한국이 어려움에 처했을 때 도와줬던 에티오피아의 참전용사들을 위해 항공료의 절반을 흔쾌히 지원했다. 이름은 '건국 60주년 사랑의 에티오피아 의료봉사'로 정해졌다.

세관 직원들이 약품을 샅샅이 뒤졌던 것은 그동안 다국적 제약회사들이 약품 시험을 해 왔다는 의혹 때문이었다. 국제적으로 유명한 제약회사들은 새로 개발한 약을 에티오피아처럼 약품이 부족한 나라에 몰래 숨겨와 가난한 사람들을 대상으로 시험해 왔다는 것이었다. 약품 시험을 인도주의적 지원으로 위장했던 다국적 제약회사들의 속셈을 뒤늦게 눈치챈 모양이었다.

하지만 한국 전쟁 참전용사들을 위한 의료봉사용 약품은 모두 안전성 검증을 통과했으며 한국에서 시판되는 것이었다. 엄정한 품질 테스트를 거쳐 한국인들을 대상으로 처방되는 약품이어서 다국적 기업들의 시험용 약품과는 차이가 있었다. 가난한 나라를 상대로 돈벌이를 해 온 다국적 기업들의 장삿속 때문에 불편을 감수할 수밖에 없었다.

이 정도면 끝날 것이라고 안도할 무렵 다른 직원까지 가세하더니 재조사가 시작됐다. 약품의 품목을 하나하나 대조하는 방식으로 반입금지 품목이 포함돼 있는지 여부를 조사하는 것이었다.

"약품 목록은 사전에 에티오피아 정부에 보냈어요."

사정해도 소용없었다. 이들은 에티오피아 정부의 직원이 직접 품목을 가지고 도착해야 통과시킬 수 있다며 강경한 입장이었다. 에티오피아 공무원이 출근조차 하지 않은 이른 시간이었는데도 말이다. 결국 해당 공무원이 도착할 때까지 인솔자가 기다리기로 하고 일행을 먼저 통과시키는 것으로 타협이 이뤄졌다.

우기가 끝난 줄 알았던 아디스아바바에서는 이날 오후 세찬 비가 쏟아졌다. 빗줄기는 2006년 에티오피아 한국 전쟁 참전용사 회관이 문을 연 아핀 초버르 공원에 도착할 때까지 계속 이어졌다. 유칼립투스 나무들이 우거진 진입로는 숲속처럼 어두웠다. 비바람에 나뭇가지들이 서로 부딪치며 흔들렸다. 길바닥은 진흙탕으로 변해 승용차가 들어갈 수 없었다.

2년 전에 참전용사 회관이 준공되던 날 이곳은 축제 분위기였다. 80살이 넘은 고령의 에티오피아 기르마 대통령은 따사로운 오후 햇살을 받으며 준공식에 참석했다. 한국의 애국가가 에티오피아 경찰악대에 의해 울

에티오피아 한국 전쟁 참전용사 회관 준공식
에티오피아 경찰악대가 에티오피아 한국 전쟁 참전용사 회관 준공식장에서 축하 연주를 하고 있다.

려 퍼지는 것으로 참전용사 회관 준공식이 시작됐다. 2004년 올린 기초석이 지상 2층의 멋진 건축물로 탄생할 것이라고는 상상조차 못했다. 기념탑도 1968년 에티오피아 하일레 셀라시에 황제가 춘천시를 방문해 준공한 탑과 똑같은 모양으로 세워졌다. 춘천의 참전 기념탑은 한국을 위해 목숨을 바친 참전용사들을 기리기 위한 것이었고, 여기에 그것과 똑같은 기념탑을 세운 것은 두 도시가 자매관계를 맺은 것을 기념하기 위해서였다.

빗물이 흐르는 차창 앞에서 우산을 쓴 젊은이가 등장했다. 그의 모자에 '충북'이라는 한글이 쓰여 있어서 일행은 반가움에 웃음을 터뜨렸다. 우리는 그를 '충북 아저씨'라고 부르기로 했다.

"당신을 본 적이 있어요. 사진도 갖고 있어요. 내일 보여 줄게요."

충북 아저씨는 나를 기억하고 있었다. 그와의 만남은 이번이 세 번째였다. 나보다 그가 반가움으로 더 들떠 있었다. 그를 처음 본 것은 처음 아디스아바바를 방문했던 2004년 5월이었다. 한국의 강추위에 방한모를 쓰고 대검을 장착한 총을 들고 있었던 아프리카 군인의 사진을 보여 줬

에티오피아 한국 전쟁 참전 기념탑
이 탑은 1968년 춘천시 공지천에 건립했던 것과 똑같은 규모로 아디스아바바에 건립됐다.

던 사람 가운데 한 명이었다.

나는 그를 두 번째 만났을 때도 얼굴을 알아보지 못했다. 첫 만남에서는 그의 얼굴보다는 사진에 충격을 받다 보니 주변 사람들의 모습은 희미했다. 그는 2006년 9월 한국 전쟁 참전용사들과 함께 방한했다. 그의 일행에 이탈렘이 포함돼 양구까지 함께 다녀왔다. 그는 다시 아디스아바바로 돌아왔으나 나머지 참전용사 후손들은 난민 지위를 얻기 위해 한국에 남아 정치적 망명을 요청했다. 망명을 신청했던 젊은이들에게 온통 신경을 쓰는 바람에 그와의 두 번째 만남도 스쳐 지나갔다. 그리고 이번이 세 번째였다. 선한 그의 얼굴 뒤로 빗줄기가 더욱 굵어져 회관까지 걸어가는 수밖에 없다. 그는 여분의 우산 하나를 더 준비해 왔다.

유럽 스타일로 지어진 참전용사 회관은 아직 내부 전시물을 채우지 못했다. 1층은 참전용사들의 사무실과 한국과의 인연을 소개하는 전시실로 꾸며질 예정이었지만 태극기와 에티오피아 국기, 유엔기만 덩그러니 놓여 있었다. 2층의 일부는 아디스아바바 시민들을 위한 전문학교로 운영할 계획이었다. 나머지 방 한 칸은 신혼부부들을 위한 숙소로 꾸며 회관 운영비를 충당한다고 했다.

참전용사 회관과 기념탑을 통해 나는 얼굴조차 모르는 한 전사자와 인연을 맺게 되었다. 바로 아베베 테게네 대위였다. 그가 어떻게 전사했는지는 제대로 알지 못했지만 내가 기증한 위패는 오늘 그의 묘비를 지키고 있었다. 내가 에티오피아에 남겨 놓은 것으로서는 아주 작지만 가슴 벅찬 것이었다.

'대한민국 한국 전쟁에서 자유 수호를 위해 산화한 용사여! 이제 편히 잠드소서. 2006년 2월 26일'

다음 날 아침 아펀 초버르 공원 앞에는 참전용사와 가족들이 문이 열리길 기다리고 있었다. 한국 전쟁 참전 당시의 군복을 입은 노병은 전쟁터에서 받은 훈장을 가슴에 달고 나왔다. 나이 들고 병까지 얻어 쇠약해진 노병들과 아낙네들은 천천히 발걸음을 떼었다.

텅 비었던 회관을 진료실로 바꾸는 데는 아디스아바바에 사는 교민들의 도움이 컸다. 진료용 침대는 매트리스로 대체했다. 한국 국제 협력단 단원들은 주민과 의료진과의 의사소통을 맡았다. 내과와 외과, 한방, 치과가 장소별로 나눠져 있어도 사실상 구분이 되지 않았다. 어르신들은 아픈 곳이 한두 군데가 아니었다. 어려운 형편 때문에 병원에 갈 처지가 아니어서 모두 이번 기회에 진료를 받고 싶어 했다.

에티오피아 한국 전쟁 참전용사 회관 준공식
기르마 에티오피아 대통령(앞줄 지팡이를 짚은 사람)이 참석한 가운데 한국 전쟁 참전용사회관의 준공식이 열렸다.

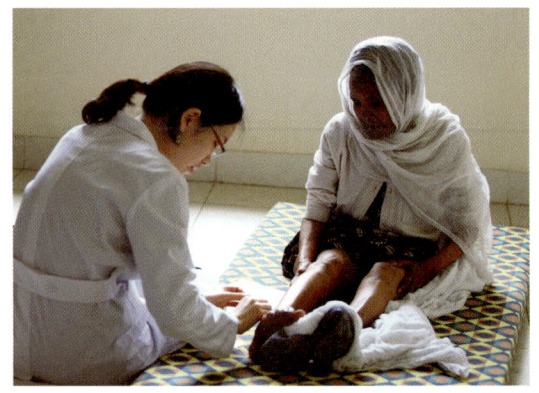

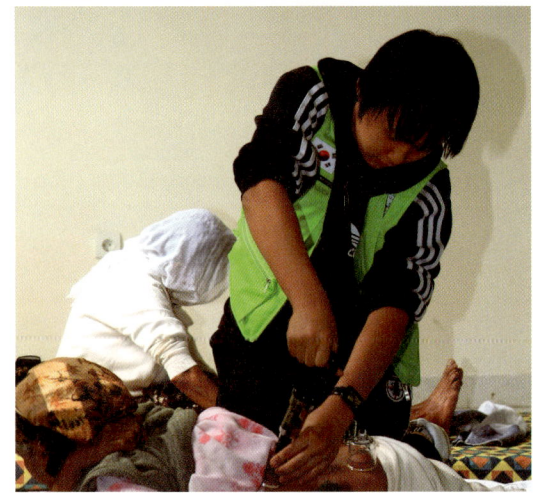

인기 있었던 한방 진료
의외로 우리나라의 한방 치료는 인기가 있었다. 침을 놓거나 부황을 뜨고 있는 모습이다.

참전용사 가족들로부터 인기를 끈 것은 한방 진료였다. 침을 놓고 부황을 뜨는 한방 진료 코너에서 일손은 턱없이 부족했다. 그 가운데 중학생의 모습도 보였다. 봉사단의 막내인 서재휘 군이었다. 그의 어머니는 추미애 국회의원이었다. 추미애 의원은 중학교 3학년인 아들을 위해 인생의 선물을 준비했다. 에티오피아 자원봉사에 아들이 참여하도록 한 것이었다. 고입 시험에 매달리도록 압박하는 한국 현실에서 그것은 대담한 결정이었다. 추미애 의원은 인천국제공항에서 의료봉사단 일행을 배웅했다.

"아들이 에티오피아에서 봉사 기회를 갖도록 제가 등록을 했어요."

어렵게 공부하고 소외된 사람들을 위해 소신 있는 판결을 내렸던 판사 출신의 국회의원은 아들이 더 넓은 세상을 볼 수 있기를 희망했다. 그러기 위해서는 남의 아픔을 이해하는 것이 먼저였다.

서재휘 군의 일은 밀려드는 고령의 환자들을 임시 치료소인 매트리스 위로 안내하고 부황 뜨는 일을 돕는 것이었다.

"엄마가 의료봉사 가라고 했을 때 어디냐고 물었어요. 아프리카라고 해서 가지 않겠다고 했어요. 아프리카라고 하니 무섭기도 했거든요."

하지만 의료봉사를 하고 난 뒤 기특한 말을 했다.

"찾아오시는 분들이 다섯 명 가운에 한 명꼴로 반신마비 때문에 잘 걷지 못해요. 지금 생각해 보니 오지 않은 것보다 훨씬 나은 것 같아요."

대학생 신희동(20) 씨는 세 번째 해외 의료봉사지로 에티오피아를 선택했다. 고교 2학년 때 해외 봉사를 시작한 그는 지난 해 에티오피아에서 간호사로 봉사했던 어머니의 제안으로 참여했다고 했다.

"일 년에 한 번씩 해외 봉사활동을 합니다. 여기에 오는 사람들은 대부분 좋은 사람들이고, 이들과는 서로 말과 뜻이 통해서 좋아요."

대학에서 호텔경영을 전공하는 이지용(20) 씨는 군 입대를 앞두고 휴학 중에 이번 봉사활동에 참여했다.

"제 나이에 한국 전쟁에 참여했던 할아버지들을 보살피면서 아픔을 감싸줄 수 있는 시간이 됐으면 좋겠어요."

또 다른 대학생 김경민(21) 씨의 에티오피아 의료봉사는 작년에 이어 두 번째였다. 치과 의사인 작은 아버지가 치아를 치료할 수 있도록 손전등을 비춰 주는 역할이었다. 그것은 호흡이 일치해야 하는 섬세한 공동 작업이었다.

"처음 오는 사람들은 그동안 얼마나 편하게 살아왔던가를 깨닫게 됩니다. 그리고 봉사에 대한 마음도 새로 배웁니다. 마지못해 시간을 채우거나 수료증을 받는 봉사가 아니라 남에게 베풀며 내 마음이 기쁘다는

의료봉사 활동에 나선 한국의 젊은이들
왼쪽부터 신희동, 김경민, 서재휘, 이지용 순이다.

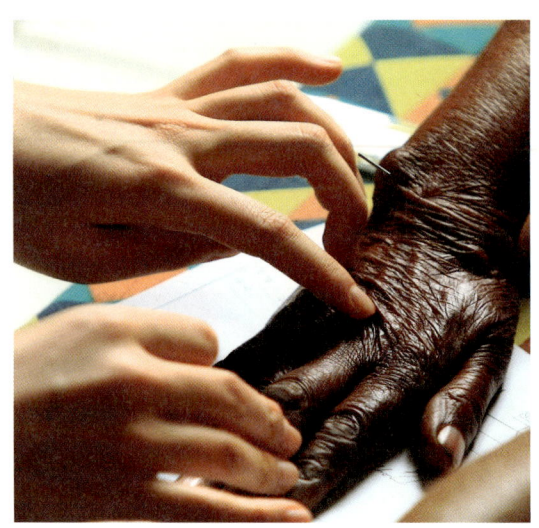
피부색은 달라도 핏줄에는
똑같은 온도의 피가 흐른다.

것을 깨닫게 되지요. 집에 돌아가면 모든 불만과 불평이 사라지는 효과도 빼놓을 수 없지요."

이번 의료봉사 활동을 이끈 단장님의 말씀이었다.

나도 참전용사 할아버지를 부축하느라 손을 잡게 됐다. 할아버지의 새까만 손은 내 손보다도 더 따뜻한 온기를 품고 있었다.

참전용사 회관은 준공과 함께 모두 완성된 것이 아니었다. 그곳은 한국인들의 사랑을 담기 위한 시작에 불과했다.

아디스아바바는 세계로 열린 아프리카의 창이다. 아디스아바바 시내에는 미국 등 세계 각국의 대사관이 들어와 있다. 시내를 질주하는 차량의 상당수는 국제기구에서 일하는 사람들을 위한 것이었다. 아디스아바바의 지형학적인 중요성을 세계는 이미 눈뜨고 있었다.

특히 아디스아바바는 세계의 젊은이들을 위한 무대이기도 하다. 아프리카 유엔기구의 안내자는 일전에 이곳 국제 회의장을 보여 줬다. 회의장은 비회기여서 비어 있었다. 그곳에서 아프리카와 관련된 정부 관계자들이 수시로 모여 회의를 열고 토론을 벌이기 때문에 유엔 본부의 축소판이라고 불렸다. 나는 그때 문득 저곳에서 전쟁의 참화를 딛고 다시 일어난 한국의 경험을 전하는 일을 하고 싶다는 생각이 들었다. 만약 비무장지대 인근의 산골에 갇혀 살지 않았더라면 이런 무대에서 뛰고 있었을지도 모른다. 여기는 지구촌의 끝자락 비무장지대와는 또 다른 세상이었다.

하지만 그날 유엔 건물에서는 한국의 젊은이를 한 명도 만나지 못했다. 세계적인 교육 열기를 알아주는 대한민국의 인재들도 이제는 좁은 한반도를 벗어나 국제 무대로 진출할 때가 되지 않았을까. 또 다른 반기문이 이곳에 필요한 까닭이었다.

아프리카 통일기구(OAU)
아디스아바바는 아프리카의 외교의 중심이다.

유엔기구 앞 도로를 지나는데 빗줄기가 더욱 강해졌다. 도로 곳곳에 장마철처럼 웅덩이가 생기고 차의 와이퍼는 더욱 바쁘게 빗물을 훔쳐냈다. 그때 갑자기 후드득, 후드득 하는 소리가 들려왔다. 차량 지붕의 철판을 두드리는 우박소리였다. 우박은 도로와 차량을 사정없이 두드렸다.

아디스아바바 시내 중심의 블랙 라이온 국립병원 앞에는 낯익은 조형물이 서 있다. 어린 시절 비무장지대 주변으로 날아온 북한의 선전 삐라에는 노동자들이 횃불을 들고 있는 사진이 컬러로 인쇄돼 있었다. 북한이 이처럼 대동강에 세웠던 주체 사상탑이 아디스아바바에 서 있었다.

에티오피아는 공산화 과정을 겪으면서 북한과 가까워졌다. 그래서 에티오피아에서 한국 대사관으로 가자고 하면 가끔 북한 대사관 앞으로 가는 일이 일어난다고 한다. 한국 전쟁 참전 기념탑은 주체 사상탑에 비하면 작은 규모였다. 남한이 최근 한국 전쟁 참전 기념탑을 세우면서 에티오피아에는 북한과 남한이 각각 세운 두 개의 조형물이 선 이색적인 풍경이 벌어지게 되었다.

두 조형물의 거리가 남한과 북한의 현실을 보여 주는 것이었다. 문득 두 조형물 사이를 달리는 지구촌 평화마라톤대회를 열고 싶다는 생각이

북한이 아디스아바바 시내에 건립한 주체 사상탑
한국 전쟁 참전 기념탑이 들어섬에 따라 아디스아바바에는 남북한이 따로 세운 2개의 조형물이 서게 됐다.

스쳐갔다. 평화의 마라톤은 비무장지대로 갈라진 남북한을 잇는 상징적 의미도 담을 수 있을 것이다. 한민족은 100년 전 빼앗긴 나라를 되찾자마자 3년간 내전을 벌여야 했다. 그리고 전쟁은 60년 동안 끝나지 않고 오늘날까지 이어지고 있다. 국제 무대에서도 남북은 서로 평행선을 달리고 있으니 두 조형물 사이를 달리는 것만큼 평화를 위한 축제가 지구촌에 또 있을까. 전쟁은 한민족뿐만 아니라 인류가 뛰어넘어야 할 영원한 과제이기 때문이다.

에티오피아는 북한이 외화를 벌어들이는 곳이다. 수로 운영을 위한 기술자들이 파견되기도 했다. 그리고 최근에는 의사까지 파견됐다는 소문이 돌았다.

그런데 몇 해 전 남한의 한 남자는 수술을 받기 위해 병원을 찾았다가 북한 의사와 마주쳤다. 남한 남자는 까무러칠 듯 놀랐으나 의료 시설이 마땅하지 않은 현실에서 별다른 선택의 여지가 없었다. 긴장감을 풀기 위해 그가 먼저 말을 걸었다.

"우리끼리 원수지고 살 일이 뭐가 있겠습니까?"

"……."

북한 의사는 대답하지 않았다. 그는 수술실에서도 영어로 의사소통을 했다.

"Don't worry. Never mind!(걱정 마세요!)"

하지만 환자의 몸은 굳어졌다. 남한 남자는 북한 의사가 주사하는 마취제에 자신의 생명이 달려 있다고 생각하자 긴장되었다. 그는 철저한 반공 교육을 받으면서 성장한 세대였다. 이른바 적이라고 주입 교육을 받았던 상대에게 자신의 목숨을 맡기는 셈이었다. 그가 침대에 눕자 마취제가 투여되고 수술이 진행됐다. 그리고 한참 시간이 흘렀다.

"쎄긴 쎕디따!(세더군요!)"

영락없는 북한 말씨가 튀어나왔다. 남한 환자가 수술 뒤 깨어나자 북한 의사는 한국말로 말을 걸어 왔다. 남한 환자가 얼마나 긴장했는지 마취제가 제대로 듣지 않았던 모양이다. 수술은 성공적으로 끝났다. 자신의 경험담을 전하는 남자는 건강해 보였다. 남북 분단은 서로에게 많은 불신과 두려움을 갖게 했지만 이날 남한 환자와 북한 의사 사이에서는 기우에 불과했다.

또 다른 남한 여자는 에티오피아에 있는 영어학원에서 북한 사람을 만나게 됐다. 학원의 맨 앞자리에서 영어만 받아쓰던 사람이 한국인으로 보였지만 남한 사람은 아니었다. 남한 여자는 "북한 사람이세요?"라고 물었다. 그는 아무런 말도 하지 않았다. 대신 수업이 끝난 뒤 조용히 찾아와 말을 했다.

"누님!"

남한 여자는 북한 청년이 단체 생활을 하면서 제대로 밥을 챙겨 먹지 못한다는 것을 알게 됐다. 언제든지 밥을 먹으러 오라고 말을 전했지만 북한 남자는 잔뜩 긴장한 표정이었다. 그 후 북한 남자는 주변에 사람이 있는지 두리번거리며 찾아와 게 눈 감추듯 밥을 먹고 사라졌다. 항상 두세 명이 조를 이뤄 함께 다니는 북한 사람들 특성상 좀처럼 기회를 만들기 힘들었을 것이다. 그는 저녁에도 더러 찾아와 밥상을 비우고 어둠 속으로 사라졌다고 한다.

어느 날 북한 남자는 더 이상 찾아오지 않았다. 북한에 잠시 다녀왔던 그는 몇 달 뒤 동해안 바다 냄새가 물씬 풍기는 오징어 한 축을 들고 모습을 드러냈다. 바다가 없는 에티오피아에서 해산물은 귀했다. 그리고 오징어는 한국인들만이 느낄 수 있는 고국의 향취였다. 청년은

"누님, 감사했습니다."라는 말을 남기고 북한으로 돌아갔다. 해가 넘어가는 아디스아바바 주택가에서 남한 여자는 다시는 만나기 힘든 북한 청년을 떠올리면서 잘 살아 주기를 빌었다. 아디스아바바에서 남한 사람과 북한 사람 사이에는 보이지 않은 휴전선과 비무장지대가 존재하고 있었다.

　독수리들이 노을 속에 맴돌다 사라지자 주체 사상탑과 한국 전쟁 참전 기념탑이 서 있는 아디스아바바 도심에는 다시 어둠이 밀려들기 시작했다.

책임과 배려가
필요한 원조

"한국산 소방 장비는 정말 훌륭합니다. 그렇지만……"

400만 아디스아바바 시민의 인명과 화재 진압을 책임지고 있는 아드마쑤 맘모 아디스아바바 소방서장이 말문을 열었다. 그를 만난 곳은 아디스아바바 시내 중심가에 자리 잡은 소방서에서였다. 그는 아디스아바바 시내에 하나 밖에 없는 소방서의 총 책임자였다. 점점 건물이 늘어나면서 화재가 증가하고 있지만 산하 6개 소방지서는 갈수록 장비와 인력이 부족해 힘에 부쳤다. 그는 사전에 연락도 없이 찾아간 이방인을 자신의 방으로 안내했다. 아드마쑤 서장의 목소리는 차분했으며 시종 미소를 잃지 않으려고 애를 썼다.

아드마쑤 서장은 2006년부터 한국산 소방차와 의료 장비를 이용해 직무를 수행해 왔다. 불이 났을 때 아디스아바바 시내를 가로질러 달리는 차량은 한국산 소방차였다. 허름한 주택이 많은 시내 외곽에서는 얼마나 신속하게 현장에 도착하느냐가 화재 진압의 관건이었다. 또 한국산 구급차는 생명이 위급한 환자를 옮기는 데 빼놓을 수 없었다. 프랑스에서 제공했던 장비들이 노후됐기 때문에 한국에서 보내 준 소방차는 비록 중고였지만 요긴하게 쓰였다.

아드마쑤 서장은 장비들이 점차 고장 나기 시작하는 것이 고민이라고

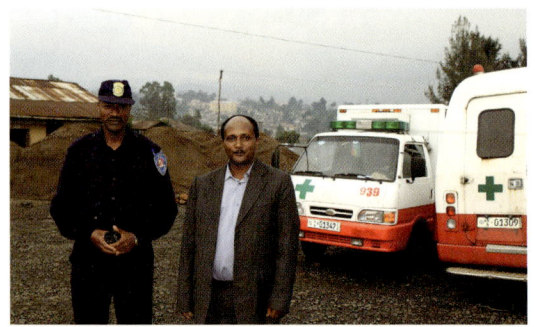

아드마쑤 맘모 아디스아바바 소방서장(위)과 홍길동 그림이 선명한 한국산 소방차의 모습이다.

했다. 한국산 장비는 그동안 사용해 오던 장비와 구조가 달랐다. 장비들의 명칭과 조작법은 모두 한글로 적혀 있었다. 그래서 멈춰 선 장비를 어떻게 고쳐야 할지 알 수 없었다. 한글로 적힌 중고 소방차와 구급차를 직접 뜯어 보는 수밖에 없었다. 급출발과 엔진 정지, 가속 페달을 밟는 과정에서 엔진 마모는 피할 수 없었다. 낯선 장비들 앞에서 아디스아바바 소방서 직원들은 쩔쩔맸다. 하지만 재정 형편이 열악한 소방서로서는 별다른 문제를 제기할 수 없었다. 게다가 문제는 장비를 능숙하게 조작하지 못했던 사람들에게만 있지 않았다.

소방서 마당에 나가 보니 한국산 소방차들은 망가져 고철덩이나 다름없었다. 소방서 차량에는 한국의 홍길동 그림까지 그려져 있었다. 강릉시 119구급대가 사용하던 차량이었다.

또 '소방 순찰', '화재 구조. 구급은 119로', '우리는 교통 법규를 지킵니다.', '영월 39호' 등 한국에서 사용하던 흔적을 짐작케 하는 문구가 선명하게 남아 있었다. 물을 뿌리는 고무 호수와 장치에는 한글로 '진공 클러치', '속도 조절', '방수구' 등이 적혀 있었다. 어떤 글자는 한자였으니 사용법을 읽지 못하는 것은 당연한 일이었다.

지난 2006년 2월 아디스아바바 소방서 마당에서는 성대한 기념행사가 열렸다. 한국산 소방 장비를 기증하는 자리였다. 소방서 마당은 눈을 뿌린 듯 하얀 종잇조각들이 날리고 있었다. 에티오피아에서는 경축일에 종이나 풀을 바닥에 까는 풍습이 있었다. 1926년 지어진 소방본부 앞에서는 소방차 전달식을 알리는 현수막이 내걸렸다. '보은報恩'이라고 적힌 현수막은 한국의 춘천시가 미리 만들어 온 것이었다. 그때 소방차를 전달

받았던 사람이 바로 아드마쑤 서장이었다. 그는 강원도 소방본부와 춘천시로부터 중고 소방차 및 구급차 41대를 기증받았다. 소방복과 방수모는 우체국 택배 상자에 담겨 전달됐다. 한국의 소방복이 교체되면서 사용하지 않던 물건들이었다. 그날 방문객들은 소방복 두 벌을 꺼내 행사장에 전시해 놓았다가 아디스아바바 소방관에게 입혀 줬다. 소방복을 어색하게 입은 두 소방관은 옆구리에 방수 장화를 낀 채 군인들처럼 거수경례를 했다. 이어 소방차 시승식이 열렸다. 아직 에티오피아 소방관들에게 익숙해지지 않은 소방차는 급발진하듯 출발했지만 움직이는 데 문제는 없었다.

하지만 문제는 다른 데 있었다. 소방 관계자는 화재 구급 상황을 통제하는 상황실을 방문하더니 장비가 많이 낡았다며 바꿔 주겠다고 약속을 해 버렸다. 영어를 조금 할 줄 알았던 소방본부장은 우쭐한 기분에 이 정도 장비를 교체하는 것은 별로 어려운 것이 아니라는 기분으로 말을 뱉었던 것이다. 하지만 그는 바로 서울로 발령이 나서 결국 지키지 못할 약속이 되고 말았다.

중고 소방 장비 기증 행사
2006년 2월 아디스아바바 소방서에서 열렸던 한국산 중고 소방차 기증 행사에서 춘천시 관계자가 아디스아바바 소방관에게 소방복을 입혀 주고 있다.

에티오피아를 잇는 희망의 다리

더 심각한 문제는 소방차를 보내면서 6개월 동안 소방차 조작과 정비 방법을 전수할 소방공무원 4명을 추가로 파견하겠다고 약속했으나 이것도 지키지 못했다.

벌써 소방차 15대 가운데 10대가 고장났다. 구급차는 21대 중 16대가 망가져 5대만 운행이 가능했다. 소방관들은 이 장비를 다루는 방법을 배울 곳이 없었다. 영어도 아니고 한글과 한자로 쓰인 장비는 처음이었을 것이다.

아디스아바바의 한 교민은 장비가 고철로 변하자 안타까워했다. 그는 중장비의 속성에 대해 알고 있었다. 아는 만큼 제대로 운영하고 고친 만큼 오래 사용할 수 있는 게 장비였다.

"에티오피아에는 제대로 교육을 받은 정비사가 없습니다. 부품이 부족해 고장 나면 멈춰 서는 경우가 많거든요. 망가진 차량에서 부품을 빼내 쓰면 일 년 이내에 모든 차량이 멈춰 설 수밖에 없어요. 이대로 방치하면 은혜를 갚겠다고 도움을 준 의미가 없어지고 흉물스러운 고철만 남을 거예요."

이 소방차들은 지난 2005년 7월 춘천에서 시민들의 환송을 받으며 에티오피아로 떠났던 것이었다.

"위급한 상황에서는 화재 현장에 출동해 불을 끄고, 평상시에는 물을 실어 나르는 생명줄이 됐으면 좋겠어요."

소방차들은 부산항에 입항한 에티오피아 국적 배에 실려 먼 여행을 떠났다. 중고 컴퓨터 500대도 함께 실렸다. 부산항에서 지부티 항까지 가는데 60일이 걸렸다. 한국 전쟁 당시 참전용사를 지부티 항에서 싣고 부산항에 오던 미군 수송선이 21일 걸렸으니 이번에는 3배나 더 걸렸다. 지부티 항에 도착한 소방차들은 다시 내륙의 고원에 위치한 아디스아바바로 떠났다. 그러나 도로 사정이 좋지 않아 차량에 실려 있던 일부 중고 컴퓨터는 떨어져 부서지고 말았다. 한국 전쟁 당시 입은 은혜를 갚기 위

2005년 춘천에서 환송을 받으며 에티오피아로 떠나는 소방 구급차들이 늘어서 있다.

해 모은 중고 소방차와 컴퓨터는 바다와 산을 넘어 마침내 아디스아바바 소방서 마당에 안착했다. 비록 한국에서는 교체되는 386·486급 컴퓨터였지만 아디스아바바에서는 어린이 교육용으로 손색이 없었다.

아드마쑤 소방서장의 희망은 끊어진 교류 관계가 다시 재개되는 것이었다. 공교롭게도 소방 차량을 전달하던 당시의 양측 시장은 모두 선거에서 낙선했다. 후임자는 지구촌 교류 사업에 미처 눈을 뜨지 못했다.

"두 도시의 시장님이 모두 바뀌었지만 교류 관계가 재개됐으면 좋겠습니다."

"네, 일이 잘 되기를 빌겠어요. 한국에 있는 분들이 너무 바쁘다 보니 미처 챙기지 못한 것 같네요."

자신의 희망사항을 그대로 한국에 전달하면 이뤄질 것으로 굳게 믿는 그 앞에서 부정도, 긍정도 아닌 희망적인 말을 하느라 얼굴이 화끈거렸다. 한국에 와서 관계 기관에 사정을 전했더니 예상대로였다. 담당자들은 책임을 져야 하는 상황이 올까 봐 전전긍긍할 뿐 아무도 상부에 건의하지 않았다.

한국을 떠난 소방차들이 고장 나 멈춰 선 상황은 많은 사람들을 안타

에티오피아를 잇는 희망의 다리 213

깝게 만들었다. 시민들은 소방차를 정비해 보내는 일을 돕기 위해 에티오피아 원두로 만든 커피를 구입하기로 했다. 그때 누군가 이렇게 귀띔했다.

"오른손이 주는 것을 왼손이 모르게 하라는 성인의 말씀이 맞아요. 아프리카에 가서는 모든 것을 다 해줄 듯이 말하지만 돌아와서는 언제 그랬느냐는 식이지요. 한국인의 호의도 이제는 책임과 배려가 필요한 시대가 됐어요."

가난을 이긴 기적, 한국에서 찾다

한국의 메밀을 만난 것은 에티오피아의 데브레 자이트^{Debre Zeit}였다. 이효석의 단편 소설 '메밀꽃 필 무렵'에 등장하는 메밀이 아프리카에서 수확된 것이었다.

데브레 자이트는 수도 아디스아바바에서 동쪽으로 뻗은 길을 따라 한 시간 정도 달리면 도착하는 도시였다. 데브레 자이트가 가까워지자 길옆으로는 장작을 쌓아 놓고 파는 이색적인 풍경이 들어왔다. 이들은 아디스아바바에서 오는 사람들에게 땔감을 팔아 생계를 잇고 있었다. 한국의 농촌에서도 한국 전쟁 직후 가난했던 시절에 팔 수 있는 것은 땔감이 전부였다.

앞서가던 당나귀 수레와 헤어져 골목길로 접어들자 에티오피아 농업 연구의 본산인 데브레 자이트 농업연구소가 나타났다. 한국으로 말하자면 수원의 농촌진흥청과 같은 역할을 하는 곳이다. 1955년 설립된 이 연구소는 식량 증산과 함께 가축, 물 관리 등 농촌과 관련된 모든 것을 연구하는 싱크탱크^{Thinktank}였다.

연구소 건물로 들어가는 길에는 울창한 나무에서 떨어진 보랏빛 꽃잎이 카펫처럼 널려 있었다. 아까운 꽃잎을 밟으며 발걸음을 뗐다. 에티오피아 고원에 뿌려진 메밀은 흐드러지게 피어 결실을 맺고 있었다.

에티오피아를 잇는 희망의 다리　**215**

한국산 메밀 씨앗으로 수확한 메밀
한국산 메밀을 들여와 수확한 메밀을 한 연구원이 보여 주고 있다.

"이게 바로 한국산 메밀 씨앗으로 수확한 메밀입니다. 시험 결과 수확량도 괜찮은 편이었습니다."

연구원은 비닐봉지에 담긴 메밀을 보여 주었다. 갓 수확한 메밀은 손끝에서 까끌까끌한 느낌이 났다.

메밀은 한국의 대표적인 구황작물이었다. 땅이 척박해 곡식을 심을 수 없는 곳에서도 메밀은 뿌리를 내리고 화사한 꽃을 피웠다. 가늘고 여린 대공은 바람에 흔들리면서도 사람들의 기대를 저버리는 법이 없었다. 3년간 수많은 사람들의 목숨을 앗아간 한국 전쟁은 농경지를 황무지로 만들어 버렸다. 전쟁으로 곡식을 심을 형편이 되지 않은 산골 농민들은 메밀 씨를 산골 돼기밭에 뿌렸다. 메밀은 봄부터 가을까지 아무 때나 심어도 수확이 가능했다. 남쪽 지역에서 보리를 심어 배고픈 시기를 넘겼다면 휴전선과 가까운 지역에서는 메밀이 그 기능을 대신했다. 이 메밀로 만든 춘천의 대표적인 음식이 막국수였다.

구황작물인 메밀이 에티오피아에서 꽃핀 것은 배고픈 사람들의 가난 문제를 해결하기 위해서였다. 데브레 자이트 농업연구소에서 근무하던 솔로몬 아세파 박사는 메밀의 가능성에 주목하고 한국으로 날아왔다. 그는 에티오피아에서도 메밀처럼 야생에 자라고 있는 식물을 본 적이 있었다. 만약 메밀을 주식으로 이용할 수 있다면 에티오피아에서 제2의 농업혁명을 주도할 수 있었다.

에티오피아의 주식은 밀도, 보리도 아닌 떼프라는 것이었다. 떼프는 생명력이 강해 비가 적게 내리는 에티오피아의 대표적인 작물이었다. 좁쌀만 한 떼프를 갈아서 부침개를 부치듯 만들면 주식인 인제라가 된다. 한국에서도 메밀은 막국수로만 먹는 것이 아니었다. 메밀을 간 뒤 솥뚜껑이나 프라이팬에 두르면 메밀 부침개가 탄생했다. 동부 아프리카의 떼프와 우리나라 중부 전선의 메밀은 비슷한 면이 많았다.

막국수의 고장 춘천에서도 고민은 있었다. 요즘 메밀은 구황작물로서가 아니라 웰빙식품으로 큰 인기를 얻고 있었다. 메밀은 방부제 덩어리인 수입 밀가루와는 달리 속을 편하게 해 주고 비만 걱정을 덜어 주었다. 메밀이 건강음식으로 큰 인기를 얻고 있지만 수익이 낮아 이를 재배하는 농가는 갈수록 감소하고 있었다. 부족한 메밀은 결국 중국산 등으로 대체됐다. 하지만 중국산은 품질 논란이 뒤따르고 가격도 점점 높아지면서 몽골 등지로 수입 지역이 다변화됐다. 최근에는 품질 관리도 잘 되고 깨끗한 이미지를 주는 캐나다로 생산지가 옮겨 가는 추세이다. 이런 메밀을 아프리카에서 가져오는 것도 검토할 시기가 됐다.

또한 한국 시장의 참깨는 중국산이 점령하고 있는 것이 현실이다. 그런데 에티오피아와 맞붙어 있는 수단의 참깨를 주로 수입하는 나라가 중국이었다. 결국 중국산 참깨의 상당수는 아프리카 것이라는 말이었다. 수단의 참깨가 우리 식탁에 오르고 있는 마당에 수단과 맞붙

에티오피아 데브레 자이트 농업연구소 '만남은 진행 중'이라는 팻말이 보인다.

어 있는 에티오피아에서 생산된 메밀을 들여오는 것도 고려해 볼만한 일이었다. 더구나 메밀은 공정무역$^{Fair\ trade}$의 성격이 강했다. 공정무역은 세계에서 석유 다음으로 거래량이 많은 커피가 불공정하게 거래되는 것을 개선하기 위해 등장했다. 커피를 생산하는 나라는 갈수록 가난해지고 이를 수입하는 나라는 막대한 이익을 보는 안타까운 현상을 개선하기 위해 제값을 주고 커피를 거래하자는 취지에서 시작되었다.

메밀을 에티오피아에서 재배하는 것은 아직도 가난과의 힘겨운 전쟁을 벌이는 한국 전쟁 참전용사들을 실질적으로 도울 수 있는 방법이 될 수도 있었다. 메밀은 씨를 뿌린 뒤 70일이 지나면 수확이 가능했다. 에티오피아의 대우기인 7~9월만 피하면 연중 재배가 가능했다. 이들은 아프리카 고원에서 메밀을 생산하고 한국이 정당한 대가를 지불한 뒤 수입하면 서로에게 도움이 될 것이다.

솔로몬 박사가 춘천의 메밀을 돌아보고 귀국한 뒤 메밀 종자가 에티오피아로 보내졌다. 우여곡절 끝에 연구소에 도착한 메밀 종자가 마침내 결실을 드러낸 것이었다. 하지만 메밀이 에티오피아에서 주민들에게 보급되기 위해서는 난관이 있었다.

"메밀은 생산량 면에서는 좋습니다. 하지만 문제는 메밀이 단단한 껍질에 싸여 있다는 것입니다. 껍질을 벗길 수 있는 방안이 필요합니다."

떼프는 메밀처럼 껍질이 두껍지 않았다. 하지만 한국의 메밀은 껍질을 벗기는 과정을 거쳐야 음식으로 만들 수 있었다.

"그것은 큰 문제가 되지 않아요. 껍질을 벗기는 기술을 보급해 주면 됩니다."

사실 메밀 껍질은 별 문제가 아니었다. 한국에서 메밀 음식은 아무런 문제없이 식탁에 오르고 있었다. 껍질을 벗기는 기계를 보급하면 간단히 해결되는 것이었다. 문제는 연구를 주도했던 솔로몬 박사가 발령이 나서 아디스아바바로 돌아간 것이었다. 메밀의 가능성에 주목하던 주역이 빠진 것이다. 게다가 이 일을 추진했던 춘천시장이 지방선거에서 낙선해 버렸다. 에티오피아에서 딱 한 번 만발했던 메밀은 다시 단단한 껍질 속에 갇혀 버렸다.

한국에서 배고픔과 비만 문제를 거뜬하게 해결한 일등 공신 메밀은 좋은 환경만 갖춰지면 흐드러지게 피어날 꿈을 꾸고 있었다. 그 환경은 열정을 가진 사람들만이 다시 만들 수 있었다.

"돈을 많이 번다고 뻥을 쳐야 귀를 기울입니다."

2008년 6월 강원도 화천군 상서면 신대리 토고미 정보화마을의 한상렬 운영위원장은 아침부터 고민하다 이렇게 결론을 내렸다. 그가 호주와 일본에서 보고 배운 뒤 탄생시킨 토고미 마을은 전국적으로 입소문이 나면서 찾아오는 사람들이 많아졌다.

"캐나다나 미국처럼 국민 소득이 높은 나라 사람들은 지속가능한 개발에 관해서 관심이 많습니다. 아무래도 오늘은 심각한 이야기는 하지 않고 지표상 변화를 보여 줘야 강연 효과가 있을 것 같네요. 수치상으로

한국을 찾은 에티오피아 공무원들
화천군 토고미 정보화마을을 찾은 에티오피아 농업 공무원들이 진지하게 이야기를 듣고 있다. 1951년 에티오피아 참전용사들은 전투에 투입되기 위해 이 마을을 지나갔다.

에티오피아를 잇는 희망의 다리 219

과거는 그렇게 못살았는데 지금은 이렇게 으리으리하게 잘산다 하는 식이죠."

가난의 대명사인 에티오피아에서 손님이 온다는 통보를 받은 그는 이렇게 마음의 준비를 했다. 그가 보기에 내국인들도 크게 다르지 않았다. 소득이 높은 사람들은 삶을 어떻게 즐기느냐를 중요시하고 그렇지 않은 사람들은 어떻게 해야 돈을 버는지에 관심이 많았다. 이 마을이 자매 관계를 맺고 있는 국내 대기업 삼성전기의 경우만 봐도 알 수 있었다.

"이 기업은 매년 가족 단위로 저희 마을을 방문합니다. 이분들은 지역의 고위 인사가 찾아와 떠드는 것에 조금도 관심이 없습니다. 가족끼리 새끼를 꼬거나 짚신을 삼는 것에 더 재미를 느낄 뿐이죠. 떡메치기 체험은 국민소득이 높은 나라 사람들이 한다고 봐야죠."

버스에서 에티오피아 농업 공무원들이 내렸다. 폐교를 개조한 정보화 시범마을로 들어오는 길에 안내자가 한국의 조롱박을 소개하자 이런 답변이 돌아왔다.

"그런 것은 우리나라에도 있어요!"

오늘 마을을 자랑하는 일은 녹록치 않아 보였다. 폐교를 개교한 교육장에 에티오피아 공무원들이 들어오자 한 위원장이 마을 소개를 시작했다.

"저희 마을에는 88가구 190명이 살고 있습니다. 여기는 남북으로 갈라진 휴전선 인근의 전방 지역입니다. 여기서 차를 타고 5분 정도 가면 휴전선입니다. 거리로는 10km정도 됩니다."

이 마을 앞으로는 1951년 한국 전쟁에 참가한 에티오피아 각뉴 부대가 이동했다.

"10년 전 주민들은 살기 힘들어 한숨만 쉬었습니다. 그래서 매일 밤 모여 고민하기 시작했습니다. 잘살기 위해서는 먼저 생각을 바꾸고 마을을 깨끗이 해야 했습니다."

주민들은 부자 동네를 만들기 위해 추진단을 구성했다. 그리고 농약 대신

오리들이 풀을 뜯어 먹도록 친환경 농법을 도입하면서 소득이 9억 원에서 17억 원으로 뛰었다. 소개가 끝나자 질문이 터져 나왔다.

"농사를 지을 때 화학 비료를 사용합니까?"

"땅심을 높이기 위한 방법은 무엇입니까?"

"주민들이 처음부터 마을에서 농사를 짓던 사람들이었나요?"

이뿐만이 아니었다. 정부의 지원 방법 등에 대한 질문도 나왔다.

"벼농사는 일 년에 몇 번 짓습니까? 오리 농업으로 농사를 지은 뒤 오리는 어떻게 처분합니까? 농업과 관광 이외의 다른 소득원이 있나요?"

한 위원장은 예상치 못한 질문 공세에 부딪쳤다. 교실에 앉은 에티오피아 공무원들의 학습태도는 진지했다. 궁금한 것에 대해서는 끝없이 질문을 던지는 모습이 외국 명문대의 대학원생들 같았다.

"여기는 추워서 벼농사를 한 번밖에 짓지 못해요. 농사를 지은 뒤 오리는 대민지원을 해 준 군부대에 줍니다. 키워서 부대 회식으로 이용하게 말이죠."

질문은 여기서 그치지 않았다.

"초등학교를 숙박시설로 바꾸었는데 학생들을 쫓아낸 것입니까? 품질 관리는 어떻게 하고 있습니까? 소비자와 소통하는 방안이 궁금해요."

머리가 희끗해진 외국 공무원들이 질문을 던지는 것은 처음 겪는 일이었다.

"여기는 학생 숫자가 줄어 자연스럽게 폐교가 된 곳입니다. 안전한 먹을거리를 찾는 소비자들을 대상으로 마을 소식지 등을 보내 주는 방식으로 농산물 품질관리를 합니다."

그는 친환경 농법으로 지은 벼를 찧는 현대식

도정 공장을 둘러보는 에티오피아 공무원들
한국 전쟁 이후 가난으로 고생했던 화천군 토고미 마을 주민들은 배고픔의 고통 때문에 아직도 쌀을 방앗간에 쌓아 두어야 안심을 한다. 현재는 에티오피아가 가난의 대명사이지만 한국 전쟁 이후에는 한국이 에티오피아보다 더 가난했다.

여전히 벽에 남아 있는 '방첩'
화천군 토고미 마을의 창고 벽에서 전쟁의 흔적을 볼 수 있다.

도정 공장으로 안내했다. 소비자들에게 좋은 밥맛을 선사하기 위해 주문을 받으면 바로 쌀을 찧는다고 했다. 쌀에 돌과 같은 이물질이 들어가지 않도록 하는 최신 설비도 함께 갖추고 있었다.

"정미소 시설이 놀랍습니다. 쌀이 필요하면 바로 찧는다고 했는데 쌀가마니를 쌓아 둔 이유는 무엇입니까?"

이들의 눈에 도정 공장 한 구석에 쌓아 놓은 쌀 포대가 띄었던 것이다.

"마을 어르신들이 갖다 놓으신 것입니다. 한국 전쟁 이후 가난 때문에 밥을 굶어야 했던 어르신들은 쌀 몇 가마니가 집안에 있어야 안심을 합니다. 필요할 때 바로 찧어 드시는 것이 좋다고 말씀드려도 쌀이 없어 굶었던 고통 때문에 요즘도 쌀가마니를 쌓아 두어야 마음이 놓이는 것이죠."

에티오피아 공무원들은 고개를 끄떡였다. 배고픔의 고통이란 굳이 따로 설명하지 않아도 모두가 공감할 수 있는 공통의 경험이었다. 배고픔보다 더 큰 고통은 없었다. 한국은 식량증산으로 쌀이 남아도는 시대를 맞았지만 아직도 지구촌에는 먹을 것이 부족한 이웃들이 넘쳐나고 있었다.

마을에는 한국 전쟁이 남긴 흔적이 고스란히 남아 있었다. 한국 전쟁이 휴전 상태로 반세기를 이어 오는 동안 비무장지대 주변에서는 북한의 무장공비들이 넘어오는 일이 잦았다. 그 시절 주민들의 반공정신을 키우기 위해 벽에 적어 놓은 '멸공 방첩'과 같은 글씨는 마치 시간을 거꾸로 거슬러 올라가는 것 같았다.

이런 풍경은 1980년대까지 비무장지대 인근의 학교나 마을에서 쉽게 찾아볼 수 있었다. 하지만 주택이나 마을을 새로 지으면서 어느새 하나 둘 사라져 버렸다. 가난했던 시절 출몰하던 무장간첩들 때문에 숨을 죽였던 기억도 이제는 모두 추억이 됐다. 에티오피아 공무원들은 논둑길을 걸으며 잘살기 위한 비결을 배우느라 눈망울이 빛났다.

이들은 마지막 일정은 뜻밖에도 떡메치기로 마무리됐다.

"우리 고향에도 이와 비슷한 절구가 있었어요. 어머니와 여자들은 하루 종일 절구를 찧는 일을 했습니다."

농업연수단은 찹쌀을 떡메로 치는 것을 좋아했다. 가난에 이력이 났을 법도 한데 그것을 즐기고 있었다. 일반적으로 떡메치기는 소득이 높은 도시인들이 반기는 농촌체험이었다.

농업연수단의 대표인 제레케 체콜 아다무 농촌개발국장은 마을을 떠나면서 소감을 털어놓았다. 그는 에티오피아 농림부 소속의 고위 공무원이었다.

"마을을 둘러보면서 많은 것을 배웠습니다. 주민들 스스로 삶의 질을 높이기 위해 공동 노력하는 모습에 깊은 감명을 받았습니다. 특히 생산된 농산물의 부가가치를 높이는 것이 인상적이었습니다. 다시 조국으로 돌아가면 에티오피아의 농업정책을 수행하는 데 많은 도움이 될 것 같습니다."

한상렬 위원장도 이들의 열정에 감탄했다.

"예상했던 것과 너무 다르네요. 하나라도 더 알아 가려고 질문을 하는 바람에 더 많이 알려 드리려고 노력했어요."

한국 전쟁 당시 에티오피아 참전용사들이 처음으로 투입됐던 최전방 산골이 잘사는 노하우를 전달하는 학습장으로 변했다. 지구촌의 가장 긴장감이 감도는 비무장지대는 이제 또 다른 내적점에 있는 에티오피아에 농업기술을 전달하는 시대가 됐다.

한국 전쟁이 터진 지 60년이 되는 2010년. 남북 대치의 현장인 비무장지대는 철책선에 가로 막힌 오지가 아니라 세계로 열려 있는 창이었다. 그리고 비무장지대 최전방 마을에는 가난과 전쟁을 뛰어 넘기 위한 희망이 피어나고 있었다.

에티오피아의
미래를 여는 교육

| 코리언 빌리지에 있는 히브렛 피레 초등학교

흙더미와 돌멩이가 나뒹구는 골목길 끝에서 아이들이 글을 읽는 소리가 들려오기 시작했다. 학교로 들어서니 학생들의 또랑또랑한 목소리는 창문을 넘어 운동장을 가득 메웠다.

아디스아바바 코리언 빌리지 안에 있는 히브렛 피레 초등학교였다. 이 학교는 한국 전쟁 직후 서울의 판자촌을 떠올리게 하는 코리언 빌리지에 들어섰다. 한국 측에서 최근 건립한 공립학교로, 이 학교에 다니는 학생들은 한국 전쟁 참전용사들의 후손이나 이 지역 주민의 자녀들이었다.

교실의 풍경은 우리의 옛날 모습을 떠올리게 했다. 아이들은 좁은 책상 하나에 3명이 함께 앉아 공부를 했다. 교과서는 갱지로 만들어진 조악한 것이었으며 가장자리는 너덜너덜해져 있었다. 하지만 아이들의 눈동자만은 반짝반짝 빛났다.

그래도 학교에 다니는 아이들은 비교적 사정이 좋은 편이었다. 에티오피아에는 학교에 다닐 기회조차 얻지 못한 아이들이 헤아릴 수 없이 많았기 때문이다.

히브렛 피레 초등학교 학생들
좁은 책상에 붙어 앉아 밝은
표정으로 손을 흔들고 있다.

| 한국에 전하는 평화의 메시지 코리언 빌리지 히브렛 피레 초등학교 학생들이 그린 그림이다.

학용품을 나눠 준 뒤 교실을 나와 교정을 거닐어 보았다. 메마른 운동장에서 학생들이 축구공을 차고 있었다. 학교 주변을 병풍처럼 에워싸고 있는 것은 코리언 빌리지의 낡은 함석지붕들밖에 없다. 타들어가는 목을 축이는 수도꼭지는 어디로 달아난 것일까. 내 초등학교 시절에는 도시락을 싸가지고 오지 못했던 친구들은 수도꼭지에 입을 대고 배를 채웠다. 뱃속에서 출렁거리는 물은 잠시 포만감을 주었을 뿐 아무런 힘이 되지 못했다. 그래서 아이들은 하루하루 말라갔다. 한국 전쟁이 휩쓸고 지나간 최전방 지역의 힘든 삶이 머릿속을 스쳤다.

교정을 빠져 나오는데 왁자지껄한 아이들 소리가 들렸다. 교실 앞에서 아이들이 손을 흔들고 있었다. 벽돌과 양철지붕이 학교의 전부였지만 배움에 목마른 아이들에게는 천국과도 같은 보금자리였다. 한 그루의 나무 아래 서 있는 학교는 심훈의 '상록수'에 나오는 풍경 같았다.

2008년 6월 24일 에티오피아 한국 전쟁 참전용사의 손녀 등으로 구성된 어린이 합창단 '에티'가 한국을 찾아왔다. 합창단은 7~12살 어린이들이 주를 이뤘다. 음악적 소질은 있으나 가정 형편이 어려운 아이들이 합창단에 참여했다.

아디스아바바에서 합창 연습은 수업이 끝나는 오후 시간에 이뤄졌다. 배고픈 아이들은 처음에는 빵을 먹기 위해 연습에 참여했다. 하지만 합창 연습을 하다 도중에 나오지 않은 아이들도 많았다. 그리고 어린이들이 알고 있던 에티오피아의 전통 음계와 서양 음계는 차이가 있었다. 아이들이 그러한 어려움을 극복하고 나서 처음으로 해외 공연에 나선 곳이 한국이었다.

합창단은 춘천시 한국 전쟁 참전 기념탑을 참배했다. 9살짜리 살렘 요하네스 양은 "할아버지가 북한군과 싸운 지역에 오게 돼 기뻐요."라고 말했다.

이날 저녁 춘천문화예술회관에서 첫 내한 공연이 펼쳐졌다. 공연은 박수가 끊이지 않을 정도로 성공이었다. 합창단은 계룡대와 청와대에서도 공연을 하고 아디스아바바로 돌아갔다.

이해 9월 아이스아바바에서 만난 공연단 관계자는 뒷이야기를 전해 주었다.

"해외 공연이 아이들 마음에 문화적인 충격을 준 것 같아요. 그동안 아이들은 한 번도 다른 나라의 문화를 볼 기회가 없었는데, 이번에 그게 가장 큰 소득이었어요. 한 어린이는 돌아와서 이렇게 말하더군요. 이다음에 대통령이 되어서 다시 청와대를 방문하고 싶다고. 청년 반기문이 백악관에서 케네디 대통령을 만난 뒤 꿈을 키워 유엔 사무총장이 된 것과 마찬가지가 아닐까요."

교육은 가난한 에티오피아의 아이들의 가슴에 꿈을 심어 주고 있었다.

그날 밤 아디스아바바 주택단지에서 한 젊은이를 만났다. 어느 골목길에서 차를 세운 뒤 경적을 울리자 누군가 문을 활짝 열었다. 테쇼메라는 젊은이였다. 그는 경비를 서고 대문을 열어 주고 닫는 일을 했다.

테쇼메의 집은 오지였다. 집 주인도 지명을 알지 못했는데 아디스아바

| 에티오피아 에티 합창단
에티오피아 한국 전쟁 참전 용사 손녀 등으로 구성된 어린이 합창단이 춘천을 방문해 공연을 하고 있다.

바 시내에서 1시간 정도 버스를 타고 간 뒤 다시 반나절 정도 걸어가야 도착하는 곳이었다.

청년은 그날 밤 모닥불을 피우기 위해 나무를 패기 시작했다. 고향에서는 어려서부터 했던 일이었을지도 모르지만 콘크리트 위에서 곡괭이로 나무를 자르는 일은 서툴러 보였다. 그는 비행기로 떠날 예정이던 우리 일행을 위해 마당에 모닥불을 피우기 시작했다. 찬 이슬이 내리는 어둠 속에서 불꽃이 살아나기 시작했다.

청년은 엔지니어가 되기 위해 야간 기술학교에 다니고 있었다. 그는 동료들에 비해 나이가 몇 살 더 많았다. 가난한 형편에 제때 교육의 기회를 얻지 못했기 때문이다. 교육을 받지 못하면 좋은 직장을 구하지 못하는 것은 에티오피아에서도 마찬가지였다.

모닥불을 피우고 있는 테쇼메
에티오피아 오지에서 도시로 올라온 청년 테쇼메는 경비일을 하며 밤에는 공부를 했다.

청년이 머무르는 공간은 대문 옆으로 한 평도 안되는 작은 방이었다. 고향의 숲을 떠나온 테쇼메는 도심의 사각형 콘크리트 경비실에서 주경야독하면서 더 나은 직장을 구하기 위한 꿈을 키워 가고 있었다. 그날 밤 한국의 9시 뉴스는 대학을 졸업하고서도 일자리를 얻지 못하고 있는 학생들과 일손이 부족해 걱정하는 중소기업의 사정을 위성으로 전해 줬다.

청년이 피워 놓은 모닥불에서 올라온 연기는 밤하늘로 흩어지고 있었다. 하늘을 올려다보니 아디스아바바 도심의 상공에는 탁구공처럼 둥근 달이 떠오르고 있었다. 추석을 앞두고 달은 가득 찼다. 테쇼메는 말수가 적었지만 착실해 보였다. 그의 눈망울에서도 빛이 났다.

모닥불에서 피어난 연기는 공중을 배회했다. 그 모습은 길을 잃어버린 한국의 교육처럼 보였다. 한국에서 교육은 한 때 가난한 사람들에게 꿈을 심어 주는 역할을 했다. 그러나 점점 교육은 그 역할을 잃어가고 있었다. 배울수록 더 행복해지고 가슴이 넓어져야 하는데 오히려 사회는 쓸

에티오피아를 잇는 희망의 다리

쓸해지고 고학력자들은 좌절감을 맛보는 상황이 되어 버린 것이다.

하지만 숲속의 마을을 떠나 도심 콘크리트 위에서 장작을 패는 에티오피아 젊은이의 표정은 밝아 보였다. 표정이 밝은 사람은 가슴 속에 희망의 불씨를 꺼뜨리지 않은 사람이다. 그는 지금 하는 일이 아무리 작더라도 자신의 미래를 위해 소중한 것이라고 느끼는 것이 분명했다.

우리의 교육도 이제는 머리가 똑똑한 사람이 아니라 행복을 느낄 수 있는 사람을 키워 내야 한다. 그리고 학교에서 가르치는 교육은 남을 이기는 수단이 아니라 세상을 밝히는 등불이 돼야 할 것이다.

오지에 세워진
시골 학교의 기적

　에티오피아의 남부지방 딜라로 가는 길은 건기를 맞아 메말라 가고 있었다. 딜라는 아디스아바바에서 360km 떨어진 시골이었다.
　새벽 5시 47분 아디스아바바를 떠난 승용차는 오전 7시 18분 모조^{Mojo}에서 남부로 방향을 틀었다. 모조를 벗어나자 대지는 푸석푸석 말라 가기 시작했다. 풀들은 누렇게 말라 손만 대면 가루처럼 부서질 것 같았다.
　그날 아침 앞서가던 트럭이 도로변으로 벗어나 멈춰 섰다. 차에 실렸던 양들은 갑작스러운 사고에 잠시 정신을 잃고 부들부들 다리를 떨었다. 먼지가 폴폴 날리던 흙길이 포장되면서 고속으로 달리는 차량들이 늘어나 교통사고가 급증하고 있었다. 굶어 죽는 것보다 교통사고로 더 많은 사람이 죽는 시대가 이곳에도 온 것일까. 정면충돌하거나 도로를 이탈해 뒤집혀진 차량을 3대나 지나쳐야 했다.
　차에 치여 목숨을 잃은 하이에나 주변으로 독수리들이 모여 들었다. 야생 동물들도 건기에는 먹을 것이 부족해 먹이 쟁탈전을 치열하게 벌이는 것이다. 독수리들은 사람이 가까이 다가가도 먹이 때문에 자리를 떠날 생각이 없었다.
　딜라에 가까워질수록 공기가 건조해 목구멍이 컬컬해졌다. 햇볕은 지상에 남아 있는 수분을 모두 흡수해 가려는 기세였다. 1993년 에티오피

딜라로 가는 길
건기로 접어들면서 에티오피아 딜라로 가는 길에는 메마른 풍경이 펼쳐졌다.

아에 한국인 부부가 등장했다. 부부는 매일 허허벌판에 텐트를 치고 잠을 잤다. 그리고 물을 길어다 밥을 해 먹었다. 부부는 물이 귀하고 먼지만 폴폴 날리는 시골 마을을 돌아다니면서도 선교 일을 꿋꿋이 해나갔다. 이들은 박수일 목사와 정순자 전도사였다. 미국계 선교단체 소속으로 에티오피아 오지를 찾았던 것이었다.

박수일 목사와 정순자 사모
에티오피아 오지에서 봉사 활동과 선교 활동을 몇 년째 이어오고 있다.

당시 에티오피아는 방글라데시보다 경제적으로 수십 년은 뒤떨어져 생활에 어려움이 많았다. 돈이 있어도 물건을 살 수 없는 상황이었다. 박 목사 부부는 에티오피아에 들어온 뒤 1년 9개월 동안 아디스아바바에서 암하라 어를 배운 뒤 바로 시골인 랑가노 지역으로 내려왔다. 그곳에서 6년 정도 선교사 생활을 하면서 주민들과 점차 친해졌다.

"어지간한 여자라면 그 생활 못했을 거예요. 수도 아디스아바바에서도 살기 힘들다고 하는데, 저는 매일 오지에서 텐트치고 밥을 해먹는 생활을 하고 있었어요. 한국의 밥은 물이 많이 필요하잖아요. 물이 없는 게 가장 힘들었죠. 에티오피아 어디를 가도 물이 귀했거든요. 물이 부족한 데다 깨끗하지 못한 경우도 많았어요. 물이 없으면 먼 곳까지 가서 떠와야 했어요."

또 다른 장애물은 벼룩이었다. 길거리와 풀밭은 벼룩의 온상이나 다름없었다. 당시에는 콜레라와 말라리아로 목숨을 잃는 사람도 많았다.

"처음 에티오피아 남부 지역에 내려왔을 때는 동서남북조차 구분하지 못할 정도였어요. 하지만 여기 사람들은 정이 많아요. 외국인의 차량이 도로에 서면 무슨 일이 생긴 것이 아닌가 하며 다가와서 도와줘요. 순수한 마음으로 외국인을 돕는 것이죠. 가난했지만 인간미가 살아 있던 나라였기에 매력을 느꼈어요."

당시 그 지역에는 한국 사람이라고는 둘 밖에 없었다. 바늘 가는 데 실

에티오피아를 잇는 희망의 다리 233

가듯이 정 선교사는 남편을 따라 매일 들판으로 나갔다 돌아왔다. 하지만 짐을 싸서 나가는 곳이 먼지만 날리고 물이 없는 곳이어서 정 선교사는 점점 힘이 들었다. 몸까지 아프게 되자 집에서 할 수 있는 일을 하고 싶다는 생각이 들었다.

"아무래도 사람을 가르치는 것이 좋겠다는 생각이 들었어요. 어려서 교육을 잘 시키면 이 나라에도 언젠가는 변화가 일어날 수 있잖아요. 유치원이나 시작하려고 할 때 어떤 한국인 후원자가 찾아와서 학교를 운영해달라고 부탁을 하는 거예요. 그런데 한국인들은 기분이 내킬 때는 후원을 해주다 기분이 나쁘면 뚝 끊어 버리잖아요. 돈 걱정을 하기 싫어 건축비를 대주면 운영은 제가 하기로 했어요."

허가를 받기 위해 홀로 정부 기관을 쫓아다니다가 일 년 만에 학교를 짓는 데 필요한 부지를 얻을 수 있었다. 하지만 정부가 임대해 준 그곳은 마을에서 가장 쓸모없는 불모지였다. 경사진 곳인데다 비가 오면 마을에서 흘러온 물이 고여 연못처럼 변했다. 박 목사는 먹을 게 없는 시골에서 물과 비스킷 한 조각으로 연명하며 선교 활동을 계속 이어갔다.

"못 쓰고 물이 고이는 땅이니까 쉽게 내줬던 거예요. 비가 오면 푹푹 빠져서 다니기 힘들었어요. 장화를 신고 다녀야 할 정도였어요."

정 선교사는 물 문제를 해결하기 위해 수분 흡수력이 뛰어난 유칼립투스 나무를 심었다. 유칼립투스는 뿌리가 지하로 20m나 뻗어가며 물을 빨아들이는 나무로 알려져 있었다. 성장 속도도 무척 빨라 심은 지 얼마 지나지 않아 재목으로 쓸 수 있는 정도로 성장했다.

그 다음에는 사람의 손으로 땅을 고르는 작업에 들어갔다. 어떤 날은 20명, 다른 날은 30명, 많을 때는 50명의 현지 주민들을 데려와 땅을 평평하게 만드는 일을 맡겼다. 아침 8시 30분부터 오후 5시까지 석 달 동안 삽과 곡괭이로 땅을 고르는 작업이 진행됐다. 인부들은 뙤약볕에 일을 하지 않으려고 했고 반나절 일하면 제자리에 서 있는 사람들도 많았다.

딜라 한별초등학교 교정
쓸모없는 불모지에 초등학교가 들어섰다.

하지만 땅 고르기 작업보다 더 힘든 것은 물자가 귀한 에티오피아에서 건축 자재를 구하는 것이었다. 첫 해는 별 문제가 없었는데 2006년 갑자기 시멘트 파동이 일어났다. 시멘트 가격이 3배 정도 올라 품귀 현상까지 벌어져 돈이 있어도 물건을 살 수 없었다.

학교 주변에 울타리를 치는 일도 건축업자에게 맡기면 비싸기 때문에 직접 시공하기로 했다. 그러나 울타리용 철망을 구하기가 힘들어 몇 달 동안 공장 앞에서 줄을 서 기다려야 했다. 울타리를 치는 데 필요한 쇠기둥을 사는 것도 마찬가지였다. 시멘트를 구입하기 위해 아디스아바바에 있는 정부 공장을 찾아가 기다렸다. 울타리 주변으로는 측백나무를 심었다. 나중에 철조망 울타리가 삭아서 없어지는 것에 대비해 이중으로 심었다. 교실을 짓는 것만 현지 건축업자에게 맡겼다.

마침내 학교는 2006년 9월 교실 네 칸과 채플 한 칸으로 개교했다. 유치원 3개 반과 1학년 1개 반에 모두 180명이었다. 정 선교사는 학교 운영을 맡았다.

후원자는 2005년 교실 네 칸과 채플 한 칸, 울타리를 할 수 있는 비용을 대주었다. 하지만 교사를 모두 지어 주기로 했던 그는 개교 뒤 손을 들어버렸다. 그는 개인적인 일로 더 이상 후원을 하기 어렵다고 통보해 왔다. 교사를 계속 신축해야 하는 상황에서 청천벽력 같은 소식이었다. 내년도 신입생을 받기 위해 교실 네 칸을 더 지어야 하는 무거운 짐이 그에게 떠넘겨진 것이다.

"후원자는 아프리카이기 때문에 건축비가 쌀 것이라고 생각해 적은 돈으로 학교를 지을 수 있다고 판단했던 모양이에요. 500만 원 정도면 교실 네 칸을 지을 수 있다는 식이었죠. 그런데 아프리카라고 싼 게 전혀 없어요. 음식 값만 봐도 한국과 비슷해요. 시멘트 한 포가 80비르에서 430비르까지 뛰었을 때도 있었어요. 후원자는 이런 사정을 몰랐던 거예요. 그때부터 고생이 시작되었죠."

2007년 312명을 수료시키고 늘어나는 학생들을 수용하기 위해 교사를 지어야 하는 급박한 상황이 왔다.

"그때는 너무 급박하다 보니 눈에 보이는 것이 없었어요. 한국에 들어와 친구와 지인들에게 후원을 부탁해 또 한 동을 지었지요."

2008년에는 세 번째 교사를 지어야 했다. 친구들로부터 5만원, 10만원, 100만원씩 후원받고 대출까지 내서 교사를 지었다.

"이제는 지쳐서 더 이상 하고 싶지 않다는 생각을 할 때도 많아요. 후원이 없으면 그만 두고 싶었어요. 제가 아는 분들에게 돈을 맡겨 놓은 것도 아닌데 계속 부탁할 수도 없잖아요."

아이들이 5학년으로 올라가는 것을 앞두고 최소한 교실 2칸을 지어야 하는데 엄두가 나지 않았다. 아이들이 늘어나 스쿨버스도 부족했다.

그런데 또 다른 문제가 생겼다. 미국에서 후원을 받고 있는 전직 교사가 학교를 세우고 학생들을 빼앗아 갔다. 그는 지역에서 돈이 많은 사람이어서 학교에 돈을 쏟아 붓고 있었다.

딜라 한별초등학교의 조회 시간과 수업 모습
한별초등학교는 교실이 부족했지만 학생들은 더욱 늘어났고, 학부모들의 반응도 좋았다.

학교가 위기를 맞은 상황에서도 학부모들의 반응은 좋았다. 그들은 아이들을 정성껏 가르치고 있다고 칭찬했다. 이대로 조금만 더 가면 좋은 학교가 될 수 있다고 격려도 했다. 개교한 지 10년이 넘은 학교도 받기 힘든 우수 표창을 3년 만에 받았다.

학교는 2010년부터 교육방침을 바꾸기로 했다. 지역의 다른 학교들이 실시하지 못하는 컴퓨터 교육을 실시하고 도서실을 강화하기로 했다. 그러나 현실은 컴퓨터 교실과 도서실을 마련하는 것부터 벽에 부딪쳤다. 중학교 과정에 해당되는 7학년을 시작하기 위해서는 실험실도 갖춰야 했다.

"지금까지 어떻게 살아왔는지 모르겠네요. 닭장 비슷하게 짓는다고 해도 한 동에 4천만 원 정도 들어가요. 한 동 지으면 딱 일 년을 버틸 수 있어요. 하지만 10학년까지 있는데……. 이렇게 살아가는 게 기적이죠."

정 교장이 학교를 포기하지 못하는 것은 아이들 때문이었다.

"아이들을 보면 포기하고 도망갈 수 없어요. 매일 아침마다 달려와서 인사하고 손을 잡는 아이들 때문에 견디는 거죠."

또 하나의 고민은 에티오피아에서 한국인에 대한 이미지였다.

"여기서는 한국에 대한 이미지가 무척 좋아요. 한국 사람이라면 모두 좋은 사람으로 알고 있죠. 그래서 한국 사람들은 다르게 쳐다봐요. 하지만 학교라는 것이 끝도 보이지 않는 일이어서 걱정입니다. 좋은 방법이 없을까요?"

정 교장은 하루하루 살아가는 게 기적이라고 거듭 말했다. 특별한 후원자도 없이 혼자서 모든 일을 해결해야 했다.

다음 날 아침 교정에서 조회를 마친 아이들은 첫 수업을 받기 위해 교실로 뛰어들었다. 교실의 풍경은 한국과 크게 다르지 않다. 아이들 키에 맞는 책상과 의자, 분필가루가 날리는 칠판, 아이들 뒤편에 자리 잡은 게시판.

도서실의 텅 빈 책장
책이 부족해 비어 있는 책장 옆으로 수확한 커피를 담은 자루가 놓여 있다.

"세 번째 건물을 지을 때 교실 한 칸이 부족해 별도로 흙집을 지었지요. 비가 오려고 하는데 지붕을 덮지 못했어요. 고민을 하고 있는데 어떤 젊은이가 천 달러를 주고 가 그 돈으로 함석을 사서 덮었어요."

그 건물이 지금 선생님들을 위한 교무실로 사용되고 있다. 그 가운데 절반은 도서실이다. 하지만 도서실의 책꽂이는 거의 대부분 텅 비어 있었다. 지금부터 책을 구입해 채워야 하는 일이 남아 있는 것이다.

"한국에서는 흙집이 친환경적이라고 좋아하는데 한번 살아보세요. 흙집으로 교실을 짓는데 자존심이 무척 상하더라고요."

도서관의 책꽂이 옆으로는 최근 수확한 커피가 자루에 담겨 있었다. 남자 교직원은 교무실 앞에서 또 다른 커피 원두를 아침 햇살에 널어 말리고 있었다.

그 시각 교무실 뒤편에서는 박수일 목사가 비둘기를 자연으로 돌려보내는 일에 열중하고 있다. 열한 마리의 비둘기를 일주일 동안 가둬놓고 모이만 주었더니 그만 야성을 잃어버린 것이다. 비둘기가 맹금류에게 목숨을 잃을까 우리 안에 넣어 두자 닭처럼 변해 하늘을 날아다닐 기미를 보이지 않았다. 우리 안에서 모이를 먹던 비둘기를 풀어 놓

에티오피아를 잇는 희망의 다리

앉지만 사람 주변을 떠나지 않았다. 심지어 비둘기들은 아예 물통으로 뛰어들어 물놀이를 즐길 태세였다. 박 목사는 이 비둘기 가운데 한두 마리가 매에게 목숨을 잃더라도 본성을 잃지 않도록 하는 것이 더 낫다고 판단했다.

"살만 찌면 날지 못해 매의 밥이 되기 십상이잖아요."

박 목사는 에티오피아에서 천국의 문턱까지 다녀온 경험을 들려주었다. 어느 날 밤 시골에서 돌아오다 차가 멈춰 서고 말았다. 그는 고장 난 차를 직접 고치기 위해 혼자서 사투를 벌여야 했다. 날도 더워 창문을 열어 놓고 밤을 새웠다. 다음 날부터 그는 온몸이 불덩이처럼 달아오르고 뼈가 욱신욱신 쑤시는 고통에 시달리기 시작했다. 밤사이 치명적인 말라리아모기에 물렸던 것이다. 정말 아찔한 경험담이었다.

그러는 사이 수업이 끝나 아이들이 운동장으로 쏟아져 나왔다. 배움의 기회를 놓쳐 또래에 비해 성숙한 학생들도 있었다. 여자 아이들이 유칼립투스 나무 아래에서 헝겊을 이어 뛰놀기 시작했다.

"전통놀이를 하는가 봐요?"

"하하하, 전통놀이가 아니라 고무줄놀이를 하고 있는 겁니다. 여기서는 고무줄을 구하기 힘들어요. 한국에서는 요즘 고무줄을 가지고 노는 아이들이 없지만 에티오피아에서는 고무줄조차 귀해요."

교장 선생님의 답변에 얼굴이 화끈거렸다. 아이들이 처한 현실에 무지한 내 모습이 부끄러웠다. 그동안 텔레비전에서 보여 준 아프리카 어린이들의 놀이는 항상 전통놀이였다. 그래서 나도 모르게 아프리카 아이들은 모두 전통놀이를 즐긴다는 선입견을 가지게 된 것이었다. 비단 나뿐만 아니라 많은 사람들이 아프리카에 대해 텔비전에서 보여진 모습으로만 잘못 생각하고 있는지도 모르겠다. 단적으로 한국에서도 전통놀이를 하며 방과 후를 보내는 어린이들이 대체 몇 명이나 있는지 주위를 돌아보면 알 수 있다.

| 딜라 한별초등학교 학생들
학교 시설은 모든 것이 부족했지만 아이들은 이곳에서 꿈을 키우고 있었다.

학교 교정에서는 남자 직원들이 발갛게 잘 익은 커피 체리를 수확하고 있었다. 수확한 커피 체리는 붉은 빛이 도는 단아한 색을 내고 있었다.

커피는 에티오피아를 지탱하는 기간산업이었다. 커피 수확량은 대단위 농장이 조성된 브라질과 동남아시아 지역이 더 많았지만 고급 커피는 단연 에티오피아 것이 세계 최고였다. 에티오피아에서 생산되는 커피는 모든 유기농 커피이기 때문이었다. 그런 커피 체리를 여기서는 마당과 동네 길가에서 쉽게 찾아볼 수 있다.

하지만 이 지역에서 커피 1kg의 가격은 5비르에 불과했다. 한국 돈으로 600원가량 된다. 그래서 커피를 재배하는 사람들은 모두 가난했다.

커피 체리를 보여 주는 아이
에티오피아를 지탱하는 커피 산업은 불공정한 거래로 제 값을 받지 못하고 있다.

"커피는 우리 학부모들의 중요한 소득원입니다. 시골 마을에서 돈을 벌 수 있는 수단은 커피를 재배하는 것밖에 없어요. 하지만 여기서 커피는 값이 싸기 때문에 큰 도움이 되지는 못해요. 농부들이 커피 가격을 제대로 받는다면 가난에서 벗어나는 데 도움이 되겠지요."

공립 초등학교에서 정년퇴직한 뒤 다시 이 학교에서 일하고 있는 아드마수 마라코(65) 선생님의 말이었다.

하굣길에 아이들이 커피를 따는 곳으로 몰려왔다. 그 가운데 노란 가방을 맨 어린 소녀가 커피를 한 움큼 쥐어 손에 쥐어 줬다.

"선물이라는군요."

고사리 손에 담긴 커피는 몇 알 되지 않았지만 소녀의 따뜻한 마음이 느껴졌다.

이번 가뭄은 딜라까지 접근하고 있었다. 에티오피아 남부로 내려가는 길 주변은 바짝바짝 메말라 가고 있었지만 딜라는 아직까지 푸르름을 유지하고 있었다. 가뭄으로 갈라진 땅 사이로 두 갈래의 잔디 줄기가 평행하게 뻗어갔다. 그리고 한 줌의 물이 고인 곳으로는 새가 날아와 목을 축이고 있었다.

그날 오후 교장선생님 집에서 일을 거들고 있는 쎄하이는 잘 마른 커피를 물에 씻었다. 커피 세레머니를 준비하는 것이다. 그녀는 미리 갖다 놓은 숯불 위에 커피를 올린 뒤 낫처럼 생긴 도구를 이용해 커피를 볶기 시작했다. 불기운에 커피의 물기가 마르더니 점점 색이 짙어졌다. 무색무취한 커피콩 사이로 모락모락 연기가 피어올랐다. 쎄하이는 볶은 커피를 절구에 넣고 쇠공이로 찧었다. 이를 다시 숯불 위에서 끓이는 것이 에티오피아의 원조 커피였다.

"커피 세레머니를 하면 이웃을 모두 불러요. 집집마다 커피나무가 있어도 함께 나누어 마시는 것이 에티오피아 커피랍니다."

깨끗하게 씻은 커피는 숯불 위에서 서서히 볶고, 볶은 커피는 쇠공이로 빻는다.

에티오피아를 잇는 희망의 다리

숯불 위에서 끓이는 것이 에티오피아의 전통 커피다. 끓인 커피를 여러 잔에 나누어 따른다. 커피는 나눔의 음료다.

다음 날 새벽 머리가 하얗게 변하는 꿈을 꾸다 놀라서 눈을 떴다. 꿈 속에서 까만 머리를 살짝 들춰보니 하룻밤 사이에 눈처럼 하얗게 변해 버린 것이 아닌가. 당황스러웠다. 에티오피아 여정 내내 몇 번씩 눈을 떴다 감아야 했다. 새벽인 줄 알고 일어나면 12시, 그리고 다시 일어나면 2시 30분. 정말 아침인 줄 알고 시계를 보면 새벽 3시. 결국은 새벽 4시에 눈을 떴다. 다시 잠을 청하지 않고 해가 뜨기까지 그냥 기다리기로 했다. 나는 여기에 왜 온 것일까. 다시 또 올 것인가. 그것은 알 수 없었다. 새벽 4시 10분. 1시간 20분 정도 있으면 또 하루가 시작되었다. 이곳에서의 마지막 날이었다.

창밖은 어둠이 물러가지 않았다. 새들이 끼룩끼룩 새벽 하늘을 가르고 있었다. 이윽고 아침 햇살이 커피 숲 사이로 등장했다. 밤새 창밖에서 유령처럼 흔들리던 그림자는 바나나 잎이었다.

벼룩에 물린 부위가 가려워 옷을 들추고 물파스를 바르기 시작했다. 벼룩은 몸의 오른쪽 어깨에서부터 다리까지 30여 곳에 걸쳐 전쟁터 같은 흔적을 남겼다.

나는 아직 새벽이슬이 마르지 않은 시간에 딜라를 떠났다. 에티오피아의 아름다움을 발견하고 여기에 사는 사람들의 위엄과 인간미를 찾기 위해 무작정 떠났던 무모한 여행이 끝나고 있었다. 하지만 왔던 길보다는 가야 할 길이 더 멀었다. 에티오피아와 한국 사이에 마음의 다리를 놓는 일을 할 수 있을까. 그리고 딜라 학교에 벽돌이라도 보탤 수 있는 날이 올까. 교실이 부족해 애를 태우는 학교를 뒤로하고 떠나는 마음이 무거웠다.

나는 어쩌다 에티오피아에 한쪽 발을 들여 놓은 것일까. 그리고 가난한 사람들을 위한 사랑은 대체 무엇인가. 우리는 아프리카를 모르고 있다. 그리고 에티오피아는 더 몰랐다.

이런 저런 생각을 하며 뒤척이다가 노벨평화상 수상자이자 케냐의 여

아이들의 세계에는 피부색의 차별이 없다.

성 환경운동가인 왕가리 마타이 여사의 글이 눈에 들어왔다. 기내 잡지는 2004년 노벨상 수상자였던 그녀의 이야기를 전하고 있었다. 그녀는 편견을 딛고 일어서 케냐 전체에 나무심기 운동을 확산시킨 주인공이었다.

"우리 안에 얼마나 많은 능력과 창조력이 있는지 놀랍습니다. 하지만 이것은 도전하지 않으면 열리지 않습니다. 도전하는 사람이 많은 것을 얻습니다. 물론 때로는 실패하는 경우도 있지요. 제가 지금까지 배운 것 가운데 가장 중요한 것은 끈기와 인내입니다. 하룻밤에 이뤄지는 것은 아무것도 없습니다. 모든 일에 헌신하고 결과를 얻도록 힘을 쏟아야 합니다. 여러분은 성장하면서 누구를 존경했습니까. 저는 어머니로부터 독창적인 영감을 얻었습니다. 저는 어머니와 많은 시간을 보냈으며 어머니는 자연의 세계로 저를 안내하셨습니다. 그리고 저의 선생님도 영감을 주셨습니다. 그들 가운데 많은 분들이 봉사 정신을 가르쳐 준 선교사 자매였습니다. 그분들이 아니었더라면 저는 지금과는 아주 다른 사람이 됐을 것입니다."

에티오피아를 떠난 뒤 나는 이곳을 다시 그리워할까? 나는 다시 비무장지대 주변으로 돌아가고 있었다. 24시간 뒤에는 가족을 다시 만나고 또 치열한 삶이 펼쳐지는 직장으로 출근을 해야 했다.

맺는 글

7년간의 여정을 마치면서

2009년 11월 중순 한국은 한파주의보가 기승을 부리고 있었습니다. 아디스아바바의 밤하늘을 뒤로하고 도착한 인천 공항에는 시베리아에서 내려온 차가운 공기가 감돌고 있었습니다.

저는 에티오피아로 혼자 출발했다 다시 제자리로 돌아왔습니다. 그곳에는 한국 전쟁의 상처를 끌어안고 사는 노병과 마음씨 착한 에티오피아 주민들이 살고 있었습니다. 그들의 성품을 아름답게 지켜 준 바탕에는 천상의 세계를 닮은 자연과 찬란한 문화가 있었습니다.

떠날 때처럼 돌아올 때도 아내와 두 딸이 변함없이 저를 기다리고 있었습니다. 벼룩에 물려 몸은 상처투성이가 됐지만 행복했습니다. 떠나던 날과 마찬가지로 차창 밖으로는 장명등 같은 불빛들이 거리를 밝히고 있었습니다. 알 수 없는 세상으로 혼자 뛰어드는 것 같던 불안한 기억이 이제는 더 넓은 세상 속으로 자신 있게 걸어갈 수 있는 힘이 됐다고 제 자신을 격려했습니다. 저로 인해 세상이 아주 조금이라도 나아질 수 있다는 희망을 감히 꿈꾸게 됐습니다.

한국으로 돌아온 다음 날 춘천 전통시장에서 검은 고무줄을 샀습니다. 낡은 헝겊조각을 이어 고무줄놀이를 하던 딜라 초등학교 아이들의 모습을 잊을 수 없었습니다.

고무줄을 아이들에게 보내려다 잠시 망설였습니다. 교실과 도서관이 부족해 걱정하는 학교에 고무줄은 아무런 도움이 되지 못한다는 것을 잘 알고 있었기 때문입니다. 그래도 고무줄을 보내기로 한 것은 딱 하나의 이유였습니다. 무릎부터 머리까지 난이도를 올리는 고무줄놀이처럼 아이들에게 계속 한계를 뛰어 넘으라고 응원하고 싶었습니다. 어쩌면 고무줄에는 저를 둘러싸고 있는 한계를 뛰어넘고 싶은 꿈이 담겼는지도 모릅니다.

2010년 새해 딜라 초등학교에서 이메일이 도착했습니다.

딜라에는 비가 간간이 내리고 있습니다. 조금 전에는 소나기가 한바탕 내리더니 멈추었네요. 고무줄 감사드려요. 한 번도 고무줄로 놀아 보지 않은 학생들은 신기해하면서 놀이에 열중했습니다. 교사들과 저는 구경하고요. 이 기자님과 함께 있었으면 좋았을 텐데요. 아이들을 보면서 철없이 고무줄놀이를 하며 놀던 어릴 적 생각을 했습니다. 그렇게 뛰놀면서 성장하다 보니 이런 곳에서 평생을 살게 됐나 보다는 생각에 쓴웃음을 지어 보았습니다. 저는 가장 좋은 나이에 이곳에 와서 가장 좋은 나이를 넘기고 있답니다. 올해는 떡국을 먹지 않았으니 나이는 그대로일 것 같네요.

딜라 초등학교의 소녀가 선물로 준 커피콩을 그해 12월 10일 작은 화분에 심었습니다. 커피콩은 좀처럼 싹이 틀 기미를 보이지 않았습니다. 강낭콩은 일주일이면 새싹이 나오는데 커피콩은 3주가 지나도 아무런 조짐이 없었습니다.

그런데 2010년 1월 조팝나무 꽃잎처럼 눈발이 날리던 저녁 무렵 땅 표면이 조금 갈라졌습니다. 창밖은 하얀 눈으로 뒤덮여 숨을 죽인 듯 고요했습니다. 땅 사이로 고개를 내민 것은 커피 싹이었습니다. 그 순간 제 앞에서 기적이 일어났다고 소리쳤습니다. 너무 오래 기다린 탓인지 황홀하기까지 했습니다.

커피콩이 은피를 벗고 나오는 데는 무려 한 달이 넘게 걸렸습니다. 그 기간은 커피콩이 스스로 껍데기를 뚫고 나오는 데 필요한 기다림의 시간이었습니다. 조급함을 견디지 못하는 사람들은 커피콩이 스스로 벽을 깨고 나오는 시간을 기다려줄 수 없는데다 싹이 틀 것이라는 확신이 서지 않아 땅을 갈아엎곤 했습니다.

←하트문양

커피콩이 싹을 틔운 바탕에는 비무장지대의 흙도 한몫을 했습니다. 지뢰 탐지반이 땅 속에 묻힌 지뢰들을 제거하기 위해 조심스럽게 수색작업을 하던 날 저는 한 움큼의 흙을 주머니에 집어넣었습니다. 그 지역은 반세기 전 에티오피아 각뉴 부대원들이 전투를 벌였던 인근이었지만 지금은 민간인이 들어갈 수 없는 '금단의 땅'이 됐습니다.

커피콩은 일주일 뒤 아침 햇살 속에 껍데기를 벗고 속잎을 드러냈습니다. 커피콩은 그렇게 스스로 새로운 세상을 열고 있었습니다. 은피를 막 벗은 커피 싹은 인간의 뇌 모양과 비슷했습니다. 그리고 마침내 주름진 잎이 펼쳐지자 하트 무늬가 나타났습니다. 그것은 커피가 숨기고 있는 암호 같았습니다. 다른 식물과 나무에서 찾아볼 수 없는 신비한 무늬였습니다.

우리는 매일 커피를 마시면서도 하트 문양에 숨겨진 비밀을 놓치고 있습니다. 에티오피아에서 커피는 이웃과 나누기 위한 음료였습니다. 누구나 마당에 커피나무가 한 두 그루씩 있어도 커피를 끓이면 이웃과 나누는 것이 일상이었습니다. 그 나눔의 정신은 군사분계선을 가운데 두고 두개로 갈라진 한반도는 물론 아직도 가난과 기아가 존재하는 지구촌에서 여전히 필요한 가치가 아닐까요.

하지만 무색무취한 커피 콩은 열을 만나야 비로소 오묘한 맛을 냅니다. 커피는 볶는 정도와 시간에 따라 여러 가지의 맛을 냅니다.

커피콩이 열을 만나야 맛과 향을 내듯이 작고 평범한 것을 변화시키는 힘은 열정입니다. 열정은 두뇌에 머무르고 있는 생각을 가슴으로 옮겨와야 비로소 꽃피는 것입니다. 뜨거운 열정으로 일상에서 기적을 만들 주인공은 바로 이 순간 커피를 즐기는 우리들입니다.

제가 에티오피아 이야기에 매달린 것은 단지 참전용사들의 253전 253승의 전투를 돌아보자는 목적이 아닙니다. 바로 우리의 내일을 위해서입니다. 2010년은 한국 전쟁이 발발한 지 60년이 됩니다. 60년 전 새벽을 뒤흔들었던 포성은 언제 재발할 지 알 수 없지만 그 사이 한국은 세계 11위의 무역 국가로 올라섰습니다. 그리고 한국은 이제 도움을 받던 나라에서 도움을 주는 나라로 위치가 바뀌었습니다.

장애물이 있으면 돌아가듯이 비무장지대에 가로 막힌 우리가 눈을 돌려야 할 곳은 더 넓은 세계였습니다. 국제사회의 옥수수와 밀가루를 받아 연명했던 우리나라는 이제 같은 처지의 지구촌으로 눈길을 돌릴 때가 됐습니다. 60년 전 전쟁이 터지자 한반도로 달려왔던 에티오피아 참전용사들처럼 이제는 우리가 형편이 더 어려운 인류를 배려하고 관심을 기울일 때입니다.

2004년 5월 4일 오후 2시 에티오피아 바하 다르$^{Bahar\ Dar}$ 주의 황무지를 지날 때 문득 에티오피아와의 인연을 알리는 일이 어쩌면 저의 소명일지도 모른다는 생각이 들었습니다. 그래서 이 책을 쓰기로 마음먹었습니다. 하지만 이야기를 시작이나 할 수 있을지, 쓰더라도 세상에 빛을 보도록 할 수 있을지 알 수 없었습니다. 그래도 가난과 내전, 배고픔이라는 현실을 극복하고 따뜻한 꿈들을 찾고자 하는 마음은 한 순간도 잊지 않았습니다. 그렇게 비무장지대와 에티오피아를 오가며 시작했던 여정이 이제 끝나 갑니다. 저는 이번 여정을 통해서 닫힌 눈을 뜨고, 삶을 긍정할 수 있는 힘을 얻었습니다.

거친 원고와 씨름했을 한영아 종이비행기 대표와 그 가족들에게도 큰 신세를 졌습니다. 많은 분들의 도움이 없었다면 에티오피아 이야기는 아직도 빛을 보지 못했을 것입니다.

저의 7년간의 여정이 또 다른 세상을 잇는 다리가 되기를 바랍니다.

"아메세기날레후^{Ameseghinallehu}!"

이 해 용

*아메세기날레후는 에티오피아 암하라 어로 "감사합니다!"라는 뜻.